赢在素养

百万大学生与无数职场新人的职业必修课

沈年华 ○ 著
Shen Nianhua

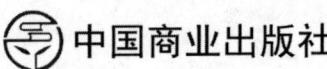
中国商业出版社

图书在版编目（CIP）数据

赢在素养 / 沈年华著.. -- 北京：中国商业出版社，2019.3

ISBN 978-7-5208-0666-4

Ⅰ.①赢… Ⅱ.①沈… Ⅲ.①职业选择—青年读物 Ⅳ.①C913.2-49

中国版本图书馆CIP数据核字(2019)第023569号

责任编辑：王彦

中国商业出版社出版发行
010-63033100 www.c-cbook.com
（100053 北京广安门内报国寺1号）
新华书店经销
北京华创印务有限公司

* * * * *

880毫米×1230毫米　　1/16开　　13印张　　180千字
2019年4月第1版　　2019年4月第1次印刷

定价：50.00元

* * * * *

（如有印装质量问题可更换）

序言

自己的人生，自己驾驭

人生是一辆行驶的汽车，路上同行的乘客有来有往，司机却是唯一的。积极的人选择做司机，便于取得主动权，由自己决定加速、减速、转弯、刹车……选择自己喜欢的路，灵活地根据各种外界因素变通，积极主动地解决困难，寻找属于自己的精彩人生。消极的人选择做乘客，习惯于别人主导方向，享受空虚的安逸，逃避现实的残酷，却无法体会到实现自我价值的成就感，于是他感到越来越无聊空虚，迷茫而恐惧地看着模糊的前方。

在工作期间，我经常接触到形形色色的大学生，他们绝大部分对于自己的定位是模糊的，但也有少部分大学生对自己的定位很清晰，明白自己需要的是什么，并为之付出努力，也有部分同学早已被安逸而舒适的大学生活消磨掉了意志，只是迷茫地等待，结果可想而知。他们极有可能面临的是毕业即失业的困境，甚至身处深渊而不自知。

尤其是大一新生，怀揣着对美好生活的幻想踏进大学校门，做好了来学习知识、享受青春的准备，但他们很快就会发现，大学虽然是积极主动

者学习进取的圣地，却也是消极懒惰者逃避现实的极乐世界。或许一部分人仍旧能不改初心，为梦想而奋斗，但更多的人在有意无意间随波逐流，任青春无声无息地流逝。

积极者与消极者本质的差异，在于他们对待人生的态度、处事做人的方式都截然不同。心理学家早就发现，一个人的成败，并不取决于外界环境等因素对其所产生的影响，而取决于他对待环境的心理反应。积极的心态是实现自我价值的必要因素，而消极的心态只会让你的生活一蹶不振、浑浑噩噩。更为可怕的是，不同的心态影响的不仅仅是自己，它还会影响你周围的同学与家人。

很多消极悲观的大学生，在初入大学时也都曾有过雄心壮志，但是后来他们逐渐迷茫、意志消沉，其原因之一便是：身边的同学朋友都在玩儿，我又何必要这么辛苦地奋斗呢。人云亦云的消极心态早已将他变得无知。

我曾遇到过这样一个大学生，在工作中与他交流时，他略显羞愧地说，他的入学成绩在班级里排在倒数，而自己最好的朋友刚好与自己同班且成绩优秀。他一直很羡慕朋友的优秀，甚至有些自卑。他明白大学是个极好的学习平台，也很想借此时机好好锻炼，改变自己，追上朋友的步伐。

经过我的开导，一年之后，我再次与他见面沟通时，我能直观地从外表上看到，他比当初更自信，更具有年轻人的朝气与活力了。

原来这一年里，在我和我同事的共同帮助下，他不断地审视自己，锻炼自己并有计划地改变自己。他参与了很多社会活动，拓宽了自己的视野，变得更加自信了，口才也有了很大的提高，还做过主持人，在专业知识的学习上也更加积极主动了。

我问他是什么让他产生了如此大的变化？他告诉我："我更加清晰我的大学目标，我变得更加积极主动了。"曾经的他没勇气去参加学生会，而今天居然带着一个小团队准备创业，他感觉大学生活越来越有意义了，自己也越来越有勇气和自信了。我在他眼里看到他对未来充满希望和畅想的样子，由衷地为他感到高兴。

根据心理学家的统计：人每天大约会产生 5 万个想法。如果你的想法都是积极主动的，那么产生的正能量会让你变得更加强大并富有创造力，让你能更容易地做好每件事；反之，如果你的想法都是消极悲观的，那么 5 万个想法便会如同无形的阴影笼罩着你，不仅让你软弱、迷茫、消沉，还会给身边的人和事带来不可预估的伤害。

关于心态的意义，拿破仑曾说过："人与人之间只有很小的差异，却造成了巨大的差异！很小的差异就是所具备的心态是积极的还是消极的，巨大的差异就是成功和失败。"在这里我希望所有大学生的心态都是积极的，成为一个影响别人的人，而不是一个随波逐流被别人所影响的人。

选择掌握自己的命运是每个大学生最基本的决定。人的一生可以分为三种情况：第一种是可直接控制的，例如，自己的心情、精神状态、与自身行为相关的；第二种是可间接控制的，例如，他人的心情、行为，与他人行为相关的；第三种是不可控制的，例如，历史、环境、自然规律等。对于大学生目前的情况来讲，拥有积极的心态、主动进取是属于可直接控制的；其次是间接地控制他人对自己的影响，"择其善者而从之，其不善者而改之"；而不可控的就是过去是否认真努力，是否准备充分，以及学校与社会的环境。

你有想过为什么要上大学吗？从小听从父母的话，接受教育至今的你，有想过上大学便可远离父母、远离他人的指引与管教吗？在这充分自由的环境里，你还能积极主动地控制好自己的身心，清晰自己的定位与价值吗？

每当有大学生来找我咨询，我都会尽力引导其去思考。你是否只是想平平淡淡地读完大学，以后随波逐流、碌碌无为地过完这一生？消极的意识与行为很快就会让你丧失天性与个性，直到无药可救，与其他失败者并无本质的区别。但若是想创造属于自己的人生，过上精彩而丰富的人生，积极的意识与行为很快就会唤起你的自觉、良知、想象力和自主意识，让你战无不胜。

无论是可控制的还是不可控制的，决定权其实都在自己手上，只要你积极主动地掌握方向，勇敢面对各种问题，由内而外地改变自己，包括自己的心智模式、思维模式、行为模式等，那么你将扬风起航，一路乘风破浪，畅游未来。

一头驴子掉进一口枯井，它哀怜地叫喊求救，期待主人把它救出来。驴子的主人召集了数位亲邻出谋划策，还是想不出好办法搭救驴子。大家果断认定，反正驴子老了，况且这口枯井早晚也是要填上的，那就让它少受点儿折磨。于是人们拿起铲子，开始填井。

当第一铲土壤落入枯井时，驴子叫得更恐怖了，它显然明白了主人的意图。当又一铲土壤落到枯井中，驴子出乎意料地安静了。人们发现，此后每一铲土壤落到它背上时，驴子并没有哀叫求助，而是冷静地在做一件令人惊奇的事，它努力抖落身上的土壤，踩在脚下，把自己垫高一点儿。人们不断地把土壤铲进枯井，驴子也就不断地抖落身上的土壤，使自己再升高一点儿。就这样，驴子慢慢升到井口，在旁人惊讶的目光中，慢慢走出了枯井。

积极者与消极者最直接的区别是，面对同一件事，无论好坏，积极者都会乐观充满希望地去解决；而消极者更擅长推卸责任，逃避放弃，怨天尤人。前者勇敢坚强、聪慧果断，后者刚愎自用、无自知之明。那么身为大学生的你，有审视自己到底是哪种人吗？

学习上你是认真学习，拓展知识，还是逃课睡觉，沉迷玩乐？生活中的你是作息规律，乐观向上，还是作息混乱，无所事事？人际交往中，你是风趣幽默，谈笑自如，还是孤僻狭隘，自私自利？你的心态决定你的行为，你的行为决定你的品质，你的品质决定你的未来。

很多大学生目标明确，积极进取，他们良好的心态已经决定他们比很多人优越，但依旧感觉很多事情都心有余而力不足。因为行为是讲究方式的，你可以选择不断调整自己的心态，但如果行为错了，好的心态也只是让你更好地接受失败而已。

序言 自己的人生，自己驾驭

山上有两间庙，都住着和尚，甲庙里总是一团和气，生活轻松而愉快；而乙庙里却总是争吵不断，冷战不休。于是乙庙里的方丈来问甲庙里的方丈："你们是怎么做到和睦相处的呢？"甲庙的方丈微微一笑说："你可以随处走走，自己观察。"

乙庙方丈来到大堂，忽见一个和尚从外匆匆走进来，一不小心摔倒在地上，而旁边有个小和尚正在拖地，只见那小和尚立马放下拖把，跑过来扶起他说："对不起，都怪我拖地弄了太多水，害得你摔倒，我以后一定注意。"而摔倒的和尚立马说："没事没事，都怪我走路太快，我以后也要注意。"站在门口的和尚也一脸抱歉地说："这也怪我，你进来前我就该提醒你有人在拖地，以后我得注意点。"说完三个人互相笑了笑，各自忙去了。

乙庙方丈心领神会，若有所思地跟甲庙方丈告辞回去了。

同样的庙，甲庙的僧人更积极乐观，他们遇事不找借口推卸责任，而是从自己身上寻找原因，从而改善自己的行为，只会越来越和睦融洽，生活也越来越舒适美好。若总是追究他人的责任，怨天尤人，就永远发现不了自己的错误，又何谈改变，只会不断地重复跌倒在同一个地方，久而久之，再积极向前的心也会渐渐冷漠、消极。

《论语·学而》曾子曰："吾日三省吾身：为人谋而不忠乎？与朋友交而不信乎？传不习乎？"学会做一个积极主动的人，拥有积极的心态，远离被动的习惯，不要轻易说"我不行""做不到"，在大学这个资源无限的平台里，认真审视自我，有意识地改变，锻炼自我，拒绝借口，对自己负责，面向未来。

目　录

↘ **第一章　希望你的青春：无所畏惧，没有遗憾** 001

1. 选择远方便只能风雨兼程 002
2. 人生处处是惊喜之"服从调配" 004
3. 青春，如果挥霍，但请在必要的时候回头 007
4. 个人努力最重要，即使输在"起跑线" 009

↘ **第二章　大学校园：象牙塔，还是名利场** 013

1. 大学校园，成长中领略文化精髓 014
2. 学生组织与校园生活——我们不一样 017
3. 大学生如何选择社团 020
4. 青春荷尔蒙，树立正确的恋爱观 022

↘ **第三章　当你的才华撑不起梦想：请立刻提升自己** 028

1. 你是我的软肋，也是我的铠甲 029
2. 大学开始就该具备的知识和能力 031
3. 及时充电：不能终身受雇，但要终身学习 034

  4. 课堂学习的五大步骤 036
  5. 找寻适合的学习方法 038
  6. 学习最好的方式：向行业顶尖学习 040

▶ 第四章　职业规划：不要让未来的你，讨厌现在的自己 043

  1. 成功的人生在于规划，揭开职业的神秘面纱 044
  2. 正确地自我评估，定位职业生涯方向 049
  3. 纵观三业，何去何从 051
  4. 寻找内心的激情和创造力 056
  5. 谁说毕业即失业 062
  6. 你现在的"钱途"和未来的前途 067

▶ 第五章　轻松求职：500强企业面试通关秘籍 072

  1. 求职从大一开始，让自己成为"铁饭碗" 072
  2. 成功拿到500强offer，解密毕业后年薪十万 078
  3. 证书可以增加筹码，但不是砝码 084
  4. 致HR的一封情书：简历，求职的敲门砖 088
  5. 面试的分类 094
  6. 告别职场"滞销"，面试中的说话之道 101
  7. 人生不能没有礼，面试的礼仪 108

▶ 第六章　人生不设限：你自以为的极限，只是别人的起点..115

  1. 向内挖掘潜能，向外突破可能 116
  2. 充分挖掘自己的潜能 120
  3. 没有谁是"不行"的，自信是潜能的"放大器" 121
  4. 给自己一个积极的心理暗示 127

5. 七度空间，成就更好的自己 129
6. 你才能决定你的生命有什么可能 138

第七章 交际口才：说有分量的话，做有分量的人 144

1. 社交不靠谱，人生没助力 144
2. 黄金人脉——你的圈子，你的高度 149
3. 高效沟通——亲近你我，乐在沟通 153
4. 为优秀的演讲做好准备 157
5. 着眼于利益，而不是立场的谈判策略 166

第八章 自我管理：舍不得为难自己，生活就会为难你 170

1. 最伟大的力量是自控力，最可怕的魔鬼是破坏力 171
2. 目标管理——没有目标，就是盲目的开始 175
3. 时间管理——专注聚焦，要事优先 179
4. 多赢之举，创多赢之局 183
5. 协同合作——价值最大化 186

后序 从优秀到卓越 191

第一章

希望你的青春：
无所畏惧，没有遗憾

一生青春有几何？青春又能几回搏？既然风华正茂、韶华正当，此时不搏何时搏？不管你是刚刚进入象牙塔里的大学生，还是踏入社会的一名普通打工者，还是野心勃勃的创业新人……都应该有梦想，有斗志，有担当，以昂扬的精神风貌，进取的人生态度，用洪荒之力去奋斗，用青春之火照亮未来，照亮人生。

人生悲哀的事，莫过于在最美好的年纪，却不知道如何做最好的自己；更悲哀的事，莫过于知道如何做最好的自己，却发现无能为力。拥有青春，你的人生开始正式编织，是美好的梦想还是困住自己的蛛网，一切都取决于自己。青春正盛的年轻人，如何度过美好的青春，勇往直前，不留遗憾？

1. 选择远方便只能风雨兼程

"既然选择了远方，便只顾风雨兼程"，这句话出自诗人汪国真的《热爱生命》。原文如下：我不去想，是否能够成功，既然选择了远方，便只顾风雨兼程。我不去想，能否赢得爱情，既然钟情于玫瑰，就勇敢地吐露真诚。我不去想，身后会不会袭来寒风冷雨，既然目标是地平线，留给世界的只能是背影。我不去想，未来是平坦还是泥泞，只要热爱生命，一切，都在意料之中。

整首诗表达了诗人对生命、生活以及一切有意义的事的热爱，以及对于生命的一种不屈服、不退缩、勇敢面对的精神。

青春的旅途就如同汪国真在诗中所说的那样，选择远方便只能风雨兼程。回想大学开学的第一天，人生第一次告别父母，背起行囊，满心憧憬地踏上前往他乡的旅途。十年寒窗苦读，终于收获果实，对未来充满着期待。擦干泪水，人生新的篇章即刻启程，海阔天空，任我自由翱翔。

很多人都有这样的疑问：为什么要读名校？

纵观北大、清华、牛津、哈佛这些国内外名校，人们对此十分向往甚至顶礼膜拜。那么，读一所好大学，对我们到底有什么实实在在的帮助呢？

（1）授人以鱼不如授人以渔

好大学不只教会你知识和技能，更重要的是培养你自主学习与思考的能力。在名校读书几乎没有不累的，这种累，是苦心志、劳筋骨。纵然，名牌大学和普通大学采用的教材大同小异，所学知识的内容与难度也并无天壤之别。建筑专业的学生都要从建筑历史学起，美术专业的学生同样每天要画一张速写。

优秀高校和普通高校在学习上的关键性差异，不在于"学什么"，而在于"怎么学"，一个教知识，一个教怎么学知识；学习的方法和过程，有些大相径庭。普通高校的学生可能只看重书本内容，背一背理论，练几道习题，浅尝辄止；名牌高校的学生却可能通过教授讲解、小组讨论、课外实践、文献阅读、论文撰写等多个角度，深刻立体地消化知识点。普通高校大部分学生写论文，可能就是东拼西凑，查点资料，借鉴一些，补充一些，改改措辞使之成为自己的论点，看起来没什么问题，只要教授别刁难就能过关。

而在名校，可能每篇论文都要写得十分艰苦。为了整理出一篇论文的初稿，学生们经常要研究几本书，多次进出图书馆反复查阅期刊数据库，有时还需要与教授面对面地交流观点。写作过程更是丝毫不能马虎，文章逻辑、遣词造句等方面都需要"严肃"对待；引用别人的观点和论据时，必须仔细做好注释、写全参考文献，否则就有抄袭嫌疑，是会被指责的。

大学，学专业知识很重要，但更重要的是学会运用知识的能力，提高自己的阅读能力、写作能力、分析能力、公众演说能力、思考能力、执行能力、人际沟通能力等。这些能力加在一起才等于一个人的综合实力。

（2）拥有更多的良师益友

"近朱者赤，近墨者黑"的道理众所周知。一个人的价值等于与他交往最多的五个人的价值的平均值。对大学生而言，这五个人几乎就是朝夕相处的同学和老师，父母都不一定算得上。二十岁出头的年轻人，三观尚未完全形成，性格仍有可塑性，在蜕变成社会人的过程中，每个人都会或多或少地受到身边人潜移默化的影响。若你想成为一个优秀的人，最好多和那些更优秀的人在一起，你将被他们的正能量所感染，潜移默化中汲取他们的优点，逐渐获得成长。

大人物可以让你变得更强大，小人物可以让你变得更弱小。在名校中最荣幸的是有机会被大人物影响，他与你可能是师徒、同窗或校友。他可

能是未来的学术泰斗、商界精英、政界领袖等。若想在青春最好的年华里,结识一群高智商、高情商的人,并和他们成为朋友、事业伙伴,甚至爱人,受他们的影响,向更优秀的方向改变,你就应该努力考上一所好学校。但凡稍微有点上进心的同学,也希望与优秀的人为伍,而不是和终日打游戏、吃泡面、浑噩度日、胸无大志的同学为伴。

2. 人生处处是惊喜之"服从调配"

有幸进入心仪的高校与专业,自然倍感欣慰,终于实现了自己的愿望;不过还有部分同学并非不够努力,而是运气差那么一点点,比如说某高校专业招生名额已满,而你填志愿时选择"服从调配",就这样被调配到另一个专业去了;也有部分同学因为高考发挥失常,分数不如意,无法报考理想院校,要知道理想和现实还是有着天壤之别的,此时还是尽量勉强收下这份"意外的惊喜"吧。毕竟,人生不如意十之八九,我们姑且"只思一二,不思八九"。

案例——相识即是缘

很多同学在即将告别高中时,都会互相填写同学录,在梦想那一栏大部分同学会填"考上理想的大学"。后来有些同学梦想成真,有些同学则与梦想擦肩而过,通知书上的学校与专业并非当初的志愿,这不免有些遗憾。

在久职教育学习的小姚就遇到了这样的情况,她在填报志愿之前并未充分想过未来要去哪所学校,在哪个城市发展,而父母在报考志愿方面一直都是持不干预的态度。在填报志愿的时候,小姚通过简单的了解,随意填写了三所学校，以防万一，她还勾选了"服从调配"。最终阴差阳错，小姚不远千里带着好奇和期许来到了山城重庆，到了学校之后，小姚感到有些后悔，很多方面都与想象差距很大，而且身边大部分同学都是重庆人，军训期间听不懂重庆话，好在寝室的同学都很热情，大家主动用普通话和她交流，室友带她一起熟悉校园环境。同学们的关怀感动了小姚，相识即是缘，来到这里尽管事与愿违，但她也慢慢接受了这个"意外"。

人生惊喜无处不在，填报高考志愿时，众多学生选择勾选"服从调配"，结果不言而喻，几家欢喜几家忧，有些同学"时运不济"被调配到自己不了解、甚至不感兴趣的专业。那遇到此种情况又应该做些什么呢？

（1）入学后申请转专业

国内高校的专业都可以转，有意愿的学生可以提出申请。但基于高校对转专业有诸多条件限制，所以转专业有一定的难度，特别是一些热门专业，由于报名人数多，难度也就相应地更大。学院会根据学生情况，综合考量其在原专业期间一年的学习成绩情况等进行选拔。然后经转入学院考核确认候选人名单，再报学校教务处审核，审核通过、学校批准后公示，才会正式录取至申请转入的专业。所以，有决心要转专业的同学，一定要在入学初就了解学校转专业的相关政策和具体要求，做好充分准备才能转专业。

（2）辅修第二专业

由于转专业的名额有限，会有部分学生不能如愿。对于这类学生，可以尝试辅修第二专业。国内不少高校支持学生辅修第二专业或读双学位。包括一些二本院校在内，都有专业辅修政策。但这又对学生的学习能力和时间规划提出更高要求，既要学好本专业，又要学好第二专业，如何再挤出时间提升综合素质？培养社会需要的实战型人才在时间上会有冲突，所以在此建议学生不要轻易选择辅修第二专业，但如果能把握这一机会，

不仅可以获得本专业的毕业证书，还可以获得辅修专业的学位或辅修专业证书。

（3）理性看待陌生专业，塞翁失马焉知非福

大学里，很多同学会主观地对调剂到其他专业产生排斥心理，原因是这点小遗憾实属意料之外，心里落差油然而生。然而，大学里的专业课程，对广大新生来说都是全新的知识，若能淡化心理排斥，增强对新知识的求知欲望，也许你会在今后的学习过程中，因慢慢了解新专业的内涵、现状及就业前景等，逐渐对此专业产生浓厚的兴趣，甚至与理想专业比较，更具认同感。

（4）别说你没有专业，成功要靠综合素质

"朱元璋开始是当和尚，最后成了皇帝"，学设计出身的香港导演王家卫在面对大学生"如何看待专业不对口"的提问时这样回答，虽是笑谈，却也发人深省。或许从另一个侧面说明，如不株守专业，则天地为之一宽，各种新机会就会自己跳出来。

专业不对口同样可以干出惊人的业绩，同样可以成才。除了一些特殊岗位，一般岗位直接运用课堂知识的机会并不是很多。再说，即使是优秀的毕业生，四年中学到的知识也是十分有限的，因此必须经过专业的岗位培训后才能胜任工作。

毕业生的综合素质是关键，至于专业是否对口并不重要。事业的成功并不取决于你学的是什么专业，而取决于你的综合素质。的确，当你应聘一份工作时雇主会考虑你的专业，这主要是因为你的专业能让他们知道你能掌握哪些技能。但是，其他因素，尤其是相关经验，会扮演一个很重要的角色。

事实上，公司招聘人员所寻找的十大特质任何专业的学生都有。这些特质是：交际能力、诚实/正直、团队合作的能力、人际关系、动力/主动性、很强的职业道德、分析能力、灵活适应的能力、电脑技能、自信……

面对就业难,年轻人应该辩证地看待"对口"。年轻人从事任何职业都是对口的,因为大学四年只是通才教育,只能学到最基本的知识、基本素质和基本方法。一个专家的成长,从大学毕业至少还需要在研究实践中拼搏 15 至 20 年。从这个意义上说,不能把求职与就业局限于自己所学的专业范围内。

3. 青春,如果挥霍,但请在必要的时候回头

我们都还年轻,年轻就充满希望,年轻就是我们最大的资本。只要我们不虚度年华,不挥霍青春,未来对于我们来说就有无限的可能。

有这样一些人,他们每天除了上课、吃饭,就是出入学校的图书馆,回到宿舍后继续学习,一副科研工作者的样子,并且对此乐此不疲,看起来很好地延续了以前的学习精神。他们是校园里"咨询"报考应试的常客,各种证书是他们学习的动力,仿佛证书可以证明他们的能力,数量越多,前景就越广阔。

有这样一些人,以学校专业知识学习为基础,强化专业期刊研究与社会实践,注重综合能力与专业相结合共同发展,经常参加校外活动并广结人脉。

但是,还有一些人,以学校的事为己任,加入学生会部门岗位,整天忙着开会,忙着处理各种班级事务,或者有时候也不知道在忙些什么,每天充实得像个干部,但回到宿舍之后,马上"泯然众人",自得其乐。

甚至有这样一些人,他们宅在宿舍,热衷于玩游戏或者无所事事,总之,他们不愿意上课,为了早上多睡一会儿不吃早餐或让人捎带;他们不

爱学习,信奉"学历无用论",美其名曰"名校毕业一样找不到好工作",为自己的懒惰与松懈找借口。考试时就想尽各种办法作弊,反正大家都这么做。没错,他们总是宅得"心安理得",总是有很多的理由和借口。

案例——大学校园,活出精彩

小飞,曾是学校活动的一名积极分子,获得过很多荣誉证书和头衔,是大家眼中的优等生。大二时,他渐渐厌倦了那些"瞎忙"、考证和近乎千篇一律的校园生活,转而想寻找一种自由轻松的大学生活,想真正为自己努力,好好地为自己生活。

后来的他,放下了诸如"委员""主席""会长"等头衔与各种学生工作,做回一名普普通通的大学生,这让他感觉轻松许多,"尽情享受生活"。而这个时候,身边的很多同学还在紧张地投入各类考证与考研的队伍中。

其实,很多学生都有自己的理想和抱负,但如何把"理想"变成"现实",这个难题令他们迷茫,有些就选择了"随波逐流"。然而,"理想"与"现实"之间并不像牛郎与织女之间隔着一条不可逾越的银河。

(1)迷茫阶段的青春,出路在何方?

身为大学生的我们,年轻即是活力,活力可以创造激情。缺乏激情的大学生活同样是不完整的,谁没有和同学疯狂过,谁没有熬过通宵,谁没有为了心爱的人做过大胆的尝试,如果没有,你的大学生活是否有点枯燥了?但是,请记得在激情之后,恢复平静,回到那个为理想努力的状态,快乐地生活、学习。

"世间不缺乏有理想的人,缺乏的是能将理想实现的人!"正是这句话提醒了那些目前仍处于迷茫阶段的大学生。许多大学生一直都是跟着大众脚步前行的，从来没有想过要去哪儿，只知道这样应该没错。但某天走累了，想独自停下来休息一会儿的时候，却发现大家走远了，而自己却徘徊在十字路口，陷入迷茫和恐惧。其实，出路就在自己的坚持、勇气与梦想里，要记住命运是掌握在自己手中的。

（2）不忘初心，方得始终

十年寒窗苦读，那份辛酸只有自己知道。曾经备战高考的岁月，曾经一次次鼓励自己的场景，相信你永远都难以忘记那些经历。但可惜有些人经不起大学里的各种诱惑，缺乏自制力，沉迷某些无聊的东西，以致于越陷越深。他们不惜以牺牲自己的身体健康和消磨自己的意志力为代价，无情地辜负着父母、亲友还有老师的期望。

大家玩儿，我跟着玩儿；大家逃课，我也跟着逃课；大家考证，我当然也要跟着考，不然多不够意思。毕业了，大家考研，反正现在就业压力大，我也跟着考吧，永远不知道自己想要什么。大家的方向，未必是自己的方向，一名合格的大学生，应当具备规划未来的能力，大学四年，学到的不仅仅是实用的知识，还有独立的人格。

4. 个人努力最重要，即使输在"起跑线"

我们不能决定自己人生的起点，不能选择出生在怎样的家庭中，或者因为种种原因，我们没能如愿进入一所名牌大学。但这一切，就可以作为我们不去努力的理由吗？输在了"起跑线"上，我们就注定只能成为一个"没有地位""没有动力""没有未来"的"三无青年"了吗？

案例——我的梦，飞翔在有爱的天空

在久职教育学习的小红，来自浙江省某个村，目前是重庆一所高校计算机专业的大二学生，现担任班级学习委员。作为一名普通的大学生，她始终坚信"宝剑锋从磨砺出，梅花香自苦寒来"。经过一年多的大学生活，在久职教育教师的悉心关怀、孜孜教诲下，在同学们的无私帮助下，无论在思想工作上还是在学习生活上，小红都取得了很大的进步。各种人生经历和生活磨炼使她逐渐走向成熟，同时也培养了她坚韧不拔、自强不息的品质，使她对人生有了更加执着的追求和信心。

由于家境贫寒，父母外出务工。小红和弟弟自小就知道生活的不易，在家中帮姑姑做力所能及的事情，并把姑姑给的零花钱一毛一毛地攒下来，等到学习或生活上必须用钱时再使用。这些年来，小红和弟弟两个人在小学、初中、高中除了学费外，几乎没有向姑姑要过额外的钱。她说："我们用平时省吃俭用的钱几乎支付了在学习和生活中遇到的各种费用。我和弟弟相继进入大学，经济上的负担越来越重。正在生活愈发艰难之时，国家资助政策使我的生活重新充满了阳光，在学校老师的帮助下，我在2013年和2014年，连续两年获得了国家一等助学金，并在2014年获得了国家奖学金。国家的资助不仅使我的生活开支有了一定的依靠，而且在精神上支持和激励着我向前的脚步更加坚定。"

"逆境砥砺人格，君子自强不息"，小红曾经走过的每一段路，曾经经历的每一件事情都是她人生的重要经历，也使她更加明确一直奋斗和努力的目标是什么。她说："以后的日子里，我愿意，借我的一点儿微光照亮身边的同学，一同进步，共同成长；我希望，能够有更多的机会，锻炼能力，提高自己；我相信，未来的路，我会走得更加好！"

小红和弟弟自幼家境贫寒，这使他们懂得生活的艰辛和不易，他们不想再像父母那样为生活奔波，相信他们一定会靠自己的努力改变这种命运。即使现在他们没有进入名牌大学,但对于两个农村走出来的孩子来说,已经实属不易。他们没有向现实低头,反而把困境当成动力,奋发图强,为自己、为家庭、为了身边的人过得更好,不断努力、不断进步着,相信他们的未来,会是一片光明!他们的命运,也终将被改变!

(1)个人的努力才是关键

如果一个人懂得自律,能够在恶劣的环境中坚持自我,不断努力,仍然可以改变身边的环境,反过来环境变好了,又推动了个人主观努力。如此就会形成良性循环,最终实现自己的人生理想。

在实现人生理想的过程中,个人主观努力是必不可少的,没有自己的努力,就算有再好的环境,也不能实现自己的人生理想。三国时期蜀国的刘禅,父亲替他积累了基业,朝中还有诸葛亮等一批能臣辅佐,然而却不思进取,整日沉迷酒色,最后落得一个亡国的下场。

成长环境足够优越,但缺少了个人的主观努力,就算含着金汤匙出生,到头来仍然是一事无成,虚度光阴。

我们小时候都学过一篇叫作《伤仲永》的课文。仲永小时候很聪明,五岁时没读过书就会作诗,但后来他自恃天资聪慧,没有再继续学习。当十二三岁时,再叫他作诗,已经没有从前那么优秀了。如是又过了七年,大家问起仲永的情况,他舅舅说:"仲永才能已经完全消失,变成一个普通人了。"试想,他那样天资聪明的人,没有受到后天的教育,还是会泯然众人的,可见后天的努力有多么重要。由此可见,我们不应再把客观环境因素的差异挂在嘴边,掩盖甚至否定个人主观努力的主导性。

(2)输在"起跑线",没有那么可怕

一个人凭自己的努力,完全可以实现自己的个人理想。马云没有富二代的背景,然而他却有一个智慧的头脑,有远见和理想,而且能付出努力,最终成功开创了网购时代。

马云在创业之前,不过是普通的英语老师。马云的成功,不仅是靠自

己的个人主观努力,更是摆脱了客观环境因素的劣势,进而改变了身边的环境,最后实现了自己的人生理想。比起那些含着金汤匙长大的富二代们,马云的出身可谓是"输在'起跑线'"上的。

这也像那些富一代们,他们的客观环境并不是很好,其中大部分都是农民、工人出身。富一代们没有好的条件,但有着一颗向上的心,愿意付出自己的努力,哪个富一代不是靠着自己的努力,做大做强,凭借自己的个人主观努力,克服客观环境因素的不足,最后实现自己的人生理想,这样的例子有很多,也足以证明个人主观努力的重要性。

那些尚在沉睡中的同学们,不要再去抱怨现实的不公,我们可以通过个人努力,使生活的环境变得更好;通过努力,一步一步接近人生的目标。输在"起跑线"上,真的没有那么可怕!可怕的是你的妥协!

第二章

大学校园：
象牙塔，还是名利场

每当我们在学习面前不堪重负时，老师的那句"现在辛苦一下，考上大学之后就轻松了"的激励话语总是萦绕在耳边。"大学校园应该是个无须早出晚归读书、不追求功利、讲究独立创新，像天堂乐园般自由自在的地方。"于是，大学校园的"象牙塔"由此而来。

十年寒窗苦读，不负众望获得了大学入场券。我们满心欢喜，我们相信天道酬勤，努力并没有白费。然而，我亲爱的"象牙塔"，你何时变成了另一副模样？

有媒体爆出，有些教师令人大跌眼镜，收受贿赂、揩油，对学生生活漠不关心，为就业率搞"面子工程"等，可谓良知尽失。有些研究生导师，公然把学生当跑腿，各种刁难不予毕业；侵占学生研究成果，美其名曰"借鉴"，简直厚颜无耻，有损师德；学生会、社团各种勾心斗角，不为学生办事，追逐功利，乌烟瘴气。

以上种种,相信各位进了大学的同学都深有体会,能说出一大堆来,有些都已成为大家茶余饭后的话题。说好的象牙塔呢?说好的学术创造呢?好不容易进了大学,不学没出路,学了好像也没出路,面对两难的境地,许多学生开始迷茫、困惑起来。如此令人内心忐忑的大学,如何好好学习,如何为社会培养、输送人才?

但是,在这样的环境下,仍然有些人"出淤泥而不染",学习生活两手抓,既是老师眼中的优秀学生,也是同学心中的榜样。他们一毕业就积极就业,找到了高薪体面的工作,或者顺利考上了研究生;有些还成功创业,成为大家争相模仿的典范。可见,事在人为。

我们似乎把校园环境的问题过分夸大,而忘记了它也是社会中的小小缩影——有单纯和温情,也有复杂和冷漠。而我们又似乎太过于关注幻想、虚无的完美,忽略了自身的弹性和成长。

1. 大学校园,成长中领略文化精髓

大学,除了是一所教育机构,同时还兼容艺术、历史、人文等多种元素。置身优美的校园,领略别具一格的建筑;内心的恬静安然,与更多"良师益友"为伍;品味深厚的历史文化,以城市的标志为荣;大学代表着一个民族的精神,代表着一个国家的未来。即使存在"杂质",但瑕不掩瑜,她仍是人类历史的结晶,文明的瑰宝。

上大学是多数人的必经之路,我们无法绕道而行,只能"去其糟粕,取其精华",一步一步走完这趟旅程。大学生应珍惜时间,因为大学生活不过短短四年。切不可第一年混过,第二年懵懂,第三年如梦初醒,第四年匆忙应付就职,悔不当初。所以,入学后就要抓紧,别让自己在浑浑噩嚣中耽搁太多时间。

（1）转型期与过渡期的苦恼

转型快，过渡短，往往越早进入状态，就越早得先机。但是，现实状况是，多数大学生第一年都过得比较安逸。这其中也有大学课程设置和安排的问题，大量公开课存在教育方式方法上的问题。比如综合素质课、就业指导课、形势与政策等，这些课本身很有意义，但老师不重视，学生更不会重视。课堂气氛沉闷，学生也不知所云，考试画重点，得过且过，浪费时间精力。

俗话说：师父领进门，修行在个人。大学和中小学采用完全不同的教育体系和指导方法。新生如何适应大学生活，这样基础又实际的问题却不被学校所关注，学生只能靠自己摸索。况且有些人认为，上大学前都累坏了，如今实现了目标，放松不也理所当然吗？这种观念是对是错，需要正确引导。

（2）有选择性地转变学习思路，换一种方式"读"大学

大量新知识要学，各种考试扑面而来，还要考虑就业问题。屋漏偏逢连夜雨，看起来没什么用的课程还纷纷来添乱，不想在这些课上浪费时间，但又非上不可。怎样合理规划时间，就成为首先要考虑的问题。

首先，我们要学会找窍门，多与前辈沟通，参考他们如何安排时间，然后自己思考、总结，通常无非就是背诵、复习，记住老师指出的要点。

其次，就是把更多的时间用来学那些有用的、感兴趣的知识。如果从入学第一年，就不能合理规划学习时间，随着年级升高，课程、压力加重，再加上各种校园活动、兼职对时间的压缩，肯定会感觉时间不够用，压力也就越来越大，甚至可能影响毕业，本末倒置。

（3）多学、多想、多做，少点抱怨

排除实力和运气成分，我们中多数人只能进入一般的大学。学习氛围

一般、教学制度不严、教师不公平等是我们不得不面对的现实。成天埋怨，什么事也不想做，甚至上课也懒得去。好些同学，上大学不正经学习，不思考问题，整天花天酒地，泡妞K歌，然后把责任都推到环境上，其实不过是给自己的懒惰、放纵找借口罢了。然而同样的条件、同样的环境，有些同学却是越来越优秀、越来越有出息，那些只知抱怨的同学难道上的是假大学吗？

同样苦于寻觅参考资料，有些同学就能想方设法找其他途径，去借、去复印，或者干脆找外地的亲戚朋友帮忙，不为现实环境所局限。其实，我们不能只抱怨校园中的种种不良风气，更不应该因环境不理想而自暴自弃。

大学是我们辛勤耕耘所得的果实，在这里的四年将会令我们终身难忘，在这个阶段我们要好好为自己充电，让几年后的人生转折点有更多的选择，而不是泄气或者放纵。没有条件，要创造条件；没有书，要争取有书；不能等，也没有时间等。

（4）在批判思维中反思自己

面对糟粕，我们可以批判，但不能缺少反思。如果只有批判，缺乏对自己和周边环境切实的反思，那么我们就会把客观环境因素当作主观放弃努力、逃避责任的借口。从另一个角度来说，反思自己，也是反思民族、反思社会的一部分。大学只是人生的一个阶段，我们短暂矗立在此，凭栏观望；毕业之后，还得继续往上走，我们前面的路程仍然很长很远。世界上没有任何一所大学，可以让你百分百满意，给你一个"两耳不闻窗外事，一心只读圣贤书"的校园环境。

2. 学生组织与校园生活——我们不一样

学生会和各种社团与校园生活有着密切的联系。对于大学生来说，社团、学生组织，既能锻炼自己的社交、沟通能力，还能受到老师、同学们的关注，表现优异者甚至能获得一些荣誉和机会，但是加入学校社团往往也会有一些弊端。

案例——在社团中提升自己

久职教育有个学员叫王峰，在大一的时候并没有选择参加任何学生组织或社团，也没意识到参加这些社团到底有何意义。但他却对辩论大赛颇有兴趣，在学校的辩论赛上总能看到他的身影。

大二那年，在一次校辩论赛上，他获得了奖项，受到了评委欣赏。赛后老师邀请他担任学生会副会长，王峰当时喜忧参半，不知该怎么做，但又不想让大家失望。在担任副会长的那一年真的是不平静的一年，有时候他还会一个人在操场静静地发呆至深夜，这期间有遇到以前从来没遇到的困难，有做事得不到支持和理解的无奈，有协调各类关系的疲倦，也有暗暗发誓明天就辞职不干的冲动。或许因为想证明自己，或许因为心中的那份责任感，他还是坚持了下来。

当学生干部，为学生服务，是一种无私奉献。既然要干，就要干好。一年后，他做事比以前更加成熟，内心比原来更加坚定，学生会的经历让他不再惧怕未来。他说："有些学弟学妹当初抱着评优的目的参加学生会或社团，我想告诉你们，评优和参加什么组织并没有太大的关联，只要你

成绩优秀,品德良好,无论你在哪里,只要付出努力你就能得到回报。人常说'改变不了环境,就改变自己',既然来了就必须努力,'酒香不怕巷子深'。"

从这个角度看,参加学生会活动增强自己的综合能力,改变自己的固有观念,确实非常有必要。首先你要想清楚自己真正想要的是什么,做自己最喜欢的事,并且一直坚持努力,才能最终成为你想成为的人。希望在大学四年的时间中同学们能看到自己的蜕变,给青春留下最美好的回忆。

加入社团、学生会等组织可以让你的视野更广阔,认识各种各样的朋友,还能锻炼自己的能力,益处有很多。但如果你决定加入学生组织并且取得了比较好的成绩的时候,应该提醒自己,不要沉迷于所谓的荣誉和权力,也不要认为自己的能力和人脉圈子提高了,将来就能干一番大事业。脚踏实地,在不放弃专业课程学习的同时,去发展这些兴趣爱好,这样才能真正获得成长。

对于那些没有加入,或者想加入学生社团却没有机会的学生,也不用为此而担忧或者沮丧,虽然大家都认为加入学生社团会对将来走向社会起到一些锻炼作用,但这些社团同样会占据你很多的时间,而且其中很可能有一部分只是让你在消磨时间做无意义的事。寻找适合自己的方法,合理规划好自己的时间,我们同样也可以很优秀。

下面,我们来总结一下大学期间,参加学生组织的优缺点。

(1) 参加学生组织的优点

展示自我,通过参与或者组织很多活动,锻炼组织能力、策划能力、领导能力以及执行力。

认识更多的人,扩大社交圈子,拓展人脉,锻炼交际沟通能力。

学校评优、评奖学金加分,相比其他未参加学生组织的同学来说,有了很多优势。在评选一些荣誉、入党名额方面,也更有机会。

为自己在求职中增加砝码。很多公司都很重视学生工作经历，因为参加过学生工作的同学在综合素质上会比未参加的同学优秀一些，比如自信心、谈吐、组织能力、为人处世等方面。更别说学校每届学生会主席，还可能会得到校领导的就业推荐等，这对求职之路无疑大有裨益。

（2）参加学生组织的缺点

占用一定的休息时间和上课时间。学生社团的一些活动，作为组织成员必须要到场，无疑会占用一些时间。

因为忙碌，减少可自由支配的时间。参加的社团过多，有些社团每个周末都会组织一些活动，自己能够自由支配的时间减少，自己的个人空间也会相对变窄。我们大学生在参加社团之前，应先了解一下情况，合理规划自己的时间。如果学生每天都非常忙碌，这不仅耽误自己的学习，也耽误自己和同班同学之间的沟通。

可能影响一些同学之间的关系。有些学生会的监管部门会检查早操、晚自习之类的，如果查到了关系不错的同学，处理得不恰当，便会引起同学不满，甚至影响相互之间的关系。

很多同学在初入大学时可能或多或少地听过，大学是一个小社会，里面也充斥着各种潜规则。这句话自然不假，但我们也不能以偏概全地认为所有的学生组织都存在着内幕和勾心斗角。学生社团给了我们锻炼和施展才华的机会，我们不能把环境当作懒惰和退缩的借口，而应珍惜机会，坚定信念，走出适合自己的学生工作之路。

3. 大学生如何选择社团

当军训后的你面对各种社团的招募，就犹如参加了一场"百团大战"，好友的拉拢、同学的游说、前辈的宣传等，一时难以选择。如何在各种各样的社团面前站稳阵脚，找到自己心中向往的社团或组织，这是一个难题。

学校社团一般会在学生活动较为频繁的区域做宣传。比如学校的主干道、食堂附近等，他们一般置办简易的帐篷、几张桌子、几把椅子，然后挂上自己社团的介绍，拉一条横幅，吸引同学们过来围观。然后委托几位学长或者社团的老成员，就可以招新了。不可否认，这些社团使得大学校园生活更加五彩斑斓，没有他们添砖加瓦，校园生活显得黯淡无光。

那么，对于大学生而言，参加哪些社团才能有所收获呢？

相信很多同学都想通过社团工作锻炼自己的能力，为将来找份好工作打好基础。这种情况下选择社团就应该关注社团的以下两个条件：

第一，社团的规模。平台决定高度，规模较大的社团、校级社团甚至星级社团，这类社团活动经验丰富、经费充足、组织架构严谨有条理。可以给你提供更多学习锻炼的机会，但同时你也将面临较大的压力。某些高级社团因名声在外，门槛较高。往往你心仪它，但它未必心仪你，经过一段时间的考察后，你还可能因为无法达到他们的预期而被无情地除名。

第二，社长的能力。相比社团规模，社长的能力更为关键。社长就是社团的领导者，正所谓"兵熊熊一个，将熊熊一窝"。除非你非常出色又很有主见，否则跟着无能的社长，将很难有所成长。好的社长懂得关心社员的成长，会组织很多有意义的活动，让社员学到很多东西。比如有的社长，会在学校创办俱乐部，定期开展活动，或者为社员培训综合能力等；

有的社长则积极筹备经费，通过拓展人脉，让该社团有机会接触一些外包项目，以此为社团筹集经费。有幸跟着这样的社长，你虽然会比较忙，压力也大一些，但收获也是颇丰的。正应验了那句："跟什么样的人在一起，你就会成为什么样的人。"

同学们进入大学难免受到社团的诱惑，既想在校园工作中证明、锻炼自己，又担心能否把事办好，能否与大家友好相处，更何况社团中可能存在的"潜规则"更是时常提醒自己，想"混"社团需谨慎。

（1）了解在前，决定在后

在选择社团上，很多同学都是小白，如果对哪个社团感兴趣，可以先问问自己认识的学姐学长，或者问问辅导员和老师。毕竟他们是过来人，除了爱说教这个毛病以外，经验还是较丰富的，而且有些老师十分关心学生，会给你一个客观的建议。同学们需要了解社团的性质、社团的内部结构、社团的日常活动内容、招募的条件，等等。这些情况都了解清楚以后，你结合自己的实际情况，再决定加入也不迟。要知道社团招募并不是一两天就结束的，适合自己的才是最好的。

（2）结合兴趣，事半功倍

兴趣是最好的老师，选择一个和自己兴趣有关的社团，在里面慢慢磨炼。等到毕业的时候，或许你已经把兴趣培养成为一项生存技能了。将来进入职场，当初社团工作的方法、知识等，可能还会派上用场。社员们都有自己的目标，有些人热衷社交，有些人默默参与实践和分享，所得到的收获也会大相径庭。结合自己的兴趣，选择自己喜欢和热爱的事情，用心地经营。如果能在大学里结合兴趣，踏实地在社团里锻炼几年，认真去做些力所能及的事，真正参与社团的活动，未来的路一定能多几分光明。

（3）结合实际，勿忘专业

"两耳不闻窗外事，一心只读圣贤书。"课堂上的枯燥不必多说，如果

可以在大学社团里把所学理论加以实践，效果会不言而喻。你可能会爱上自己的专业，重新审视自己的选择。或许，有些同学本身就对专业抱有诸多意见，如父母干预，专业调剂等。对于这些，你也没必要过分纠结，应该权衡利弊，既来之，则安之。事实上，除了一些高等学府和特殊专业的定向培养之外，就业时对上大学所学知识的参考只占小部分的比例，走上工作岗位以后你会发现，学以致用与实际相距甚远。而你平时所锻炼的能力会在你的职业生涯中发挥巨大的作用，所以不管选择哪个社团，能够独立思考、认真对待，终将会收获颇丰。

4. 青春荷尔蒙，树立正确的恋爱观

很多人都说，大学生是自由的。我们的思想自由，很难被各种传统观念所左右，这点放在爱情上更是如此。幸运的是，母校很关怀孩子们的情感问题，她含蓄地为大家营造了一处处风景秀丽、曲径通幽的好去处，毕竟她的孩子们早已风华正茂，情窦初开。任何人都无权阻碍大家对恋爱的向往和追求。母校关怀我们，体谅我们，但恋爱这件事，她也只能望而兴叹。我们能否领悟爱情的真谛，在情感的世界里健康成长，更多的还要靠自身去体会。

案例——保研情侣

广西大学有一对保研情侣蔡炜浩和周婧怡，两人不仅颜值高，而且学习成绩优异。两人从大一开始几乎包揽每年的奖学金，在校内外各大比赛和活动中都有他们的身影，现在两人还一起凭着自己的努力获得了北京大

学和北京外国语大学的保研资格。

大二时，蔡炜浩为了练习英语口语，通过学姐认识了英语系的周婧怡，当时周婧怡是学校英文辩论队的副队长，从来没见过面的两个人先是在微信上聊天交流，直到后来一起参加志愿服务，才见到了对方。周婧怡说："当时觉得他是一个很儒雅、很温柔的大男孩。"而蔡炜浩在第一次见到周婧怡时就心动了："不知道为什么，就觉得她是一个好女孩，一个适合我的好女孩。"

蔡炜浩常喜欢瞒着周婧怡给她制造惊喜，记得他们一起过第一个七夕节时，两人在学校附近逛街，全程下来，蔡炜浩没有半点表示，周婧怡还以为他不在意这个节日，直到晚饭后，两人一起逛操场，蔡炜浩拿出了自己特地从香港买回来的玩偶交到她手上，并且拿出吉他，为她边弹边唱情歌，周婧怡说："当时觉得他超浪漫，总能带给我别样的感动。"

两人恋爱至今，从未发生过激烈争吵，如果发生争执或者意见分歧，双方会分析事物的利弊并进行自我总结，用理性的思维去思考这段恋情，"谁错了，谁就先道歉。"周婧怡说。

有时他们也会冷战，但只要一想到离不开对方，就又会主动进行沟通。一转眼到了大四，早在大三时，两人就确定了保研的目标。在选择保研的学校时，两人都有各自的想法，蔡炜浩一直想去北京就读，而周婧怡一开始是想去上海。两人一直觉得，虽然他们是情侣关系，可都不愿意这段关系束缚了各自的发展，蔡炜浩觉得"如果真心相爱，心里有对方，就算异地也能坚持"，两人都认为恋爱只会让他们更坚定各自的目标。

在保研冲刺阶段，蔡炜浩感到压力很大。看到男友焦虑，周婧怡便收起了自己的紧张，反过来安慰他。那段时间，蔡炜浩和周婧怡每天都看书到凌晨一两点，第二天又起早去上课，在去北京面试的前几天，周婧怡疯狂看书，最终因为身体支撑不住患了肠胃炎，她没敢告诉男友，而是自己撑着，直到男友面试结束，她才告知实情。

为了帮助女友面试，蔡炜浩连夜替她修改面试稿，并陪着她一直到进

入考场。周婧怡说:"原本很紧张,但有他在,安心了很多。"现在两人都获得了保研名额,未来也会生活在同一座城市,谈到对未来的计划,蔡炜浩说自己将来想要继续读博,而周婧怡则想朝英语方面发展,两人还约好一起出国进修。

恋爱是一面镜子,可以在双方相处的过程中,不断发现自己的长处和短处,也可以相互加油鼓励,一起面对生活的种种,有利于自我提升和将来日常的社交活动,扩大自己的人脉圈子。

爱是人世间最甘甜的清霖,它滋养着我们,让我们找到人生的意义。

爱情源于人最直观的感受,也是这世上唯一必须需要两个人完成的事。因彼此吸引产生爱情,又因爱情所以相伴,既浅显又深奥。爱情,应该是感性占据大多数。毕竟,如诗如画的浪漫意境,来源于触景生情的灵感创造。然而,理性的宏观调控作用,也举足轻重。

(1) 爱情很美好,但不是必需品

无边落木萧萧下,秋风落叶纷纷来。林荫大道上携手漫步的情侣,为校园增添了几分色彩,也增添了几分黯淡。人间最冷是清秋,这样的季节,孤单的自己仿佛提前进入了冬季,脱单似乎迫在眉睫。但恋爱谈何容易,先不说广阔校园何人才是自己的"意中人",更别说那些"惊天地,泣鬼神"的马拉松式的求爱过程。犹如创作一部部探险小说、言情长剧本,煽情、悬疑、跌宕起伏。相知相爱,多么不易!经历了怎样的忐忑与决心,才敢于卸下防备,敞开心扉,这亦是一次内心世界的博弈。

爱情是美好的,爱情是伟大的!但恋爱对大学生来说也并非必需品。它也许举足轻重,也许可有可无,也许还会成为自由、理想的负担。没必要因为身边的人都成双成对而羡慕、嫉妒甚至自卑,脱单何须提上日程,早晚自会遇见;更没必要因为空虚、寂寞、孤单就想找个人陪伴。

习惯孤单,是每位成功人士必备的优秀品质。因为孤单,你才可能独立思考，才可能与众不同。身边很多朋友都以经验告诉我：感情是一种消耗品，恋爱多了或者久了，人也会麻木。如果因为无聊、因为寂寞、因为寻找新鲜刺激而恋爱，那么你终将为之拖累和抛弃，终身为你的自私买单。

（2）自尊自爱，不能为了恋爱而恋爱

这个话题，很多人都心领神会，从小到大，很多人都在讨论。在这里，我特别想提醒那些女同学，我们不能为了恋爱而恋爱。如果你没有遇到那个对的人，或者没有那个意愿去谈一场恋爱的话，最好不要开始。不管别人怎么说你，你也要坚定自己的信念，不然你的一生都有可能有阴影。

但事实上，恋爱中能保持清醒的人少之又少，否则就不会深陷泥潭而无法自拔了。作为女生，应该有自己的尊严和判断，随随便便开始一段恋情，真的不划算。在不了解的情况下，男生的资质参差不齐不说，有些甚至是你姐妹团淘汰下来的，正值孤单落魄，而你的出现正拯救了他，一拍即合却暗藏危机。所以千万不要盲目、着急，仔细甄别那些以谈恋爱为名而实质品行低劣的人才是。

爱情是人与人之间强烈的依恋、亲近、向往，以及无私专一并且无所不尽其心的感情流露。古人云："窈窕淑女，君子好逑"，又有"所谓伊人，在水一方"，还有"得成比目何辞死，愿作鸳鸯不羡仙"。

大学生正值青春年华，憧憬着美好的爱情，我们却在诸多最新问卷中得知一个普遍观念："不在乎天长地久，只在乎曾经拥有"。许多大学生注重恋爱的过程，对于结果如何却未曾过多考虑，这中间也包括我指导过的一些学生。也许对他们来说，结果太遥远，不如一切交给未知。

其实，注重恋爱的过程，有利于双方更好地相互了解，相互加深认识。同时也表现出大学生一直在追逐爱情的真谛，却顾不上太多的牵绊，这样的解释也是科学的，但如果完全将恋爱和婚姻分开，毫不为将来考虑，未免失之偏颇。

（3）爱情应该服从于学业

高校中很多学生都能正确地处理好学习和爱情的关系。他们坚定自己的学生天职，不管大学有多少事情可以尝试涉猎，但依然以学习为主，爱情同样应该服从于学业，有些学生则是希望爱情与学业获得双丰收。学校里因为恋爱而耽误学业的毕竟还是少数，大多数仍懂得将学业放在首位。

一个人能力的高低，关乎所处圈子的质量。努力提升自己，为将来时刻做准备，"别人看不上你，因为你不够优秀；而当你变得优秀，则会遇见更优秀的人"。爱情往往也是如此，有阶层，有圈子。努力学习不是为了找个好对象，而是让好对象自然出现在我们的生命中。

（4）恋爱时感性，失恋时理性

大学生恋爱，校园里随处可见，但是"终成眷属"的少之又少。失恋，成为很多人的青春必修课。恋爱不易，失恋更不易。我们大学生又该如何正确处理失恋？失恋了，大部分学生会用"找朋友倾诉"，或者"理性思考"的方式来处理，让自己和对方保持一种宽容与距离，尊重对方的选择。但也有些学生接受不了失恋的痛苦，因爱生恨，导致其整个人生观都发生了变化，某些学生甚至会做出很多过激的行为，有的视对方为仇人，肆意诽谤，甚至蓄意伤害对方。

"江歌案"就是一个典型的例子。男方接受不了分手的事实，而后展开的一系列的过激行为是我们无法接受的。从这件事中我们知道失恋后的我们情绪更容易激动、亢奋，此时应采取理性的态度处理问题。恋爱时感性可以令我们感受更多浪漫，而失恋时理性则可以帮我们早日渡过难关。希望我们的大学生今后都能正确处理好这些关系，保持良好的心态。

大学生拥有一个正确的恋爱观会对他们完善自我、发展自我、超越自我起到非常深远和积极的作用。当前社会，东西方文化交流频繁，思想如潮，大学生作为潮流中的特殊群体，在恋爱摸索的过程中难免会出现种种现象，这也是时代发展必然经历的过程，我们理应正确对待，积极面对。作为大学生尤其要学会理性处理好因爱情、学业与生活引起的一系列的矛盾与选择，拥有正确的恋爱观不容小觑。校园恋爱是一把双刃剑，合理恋爱，能使大学生涯因爱生辉，反之则后患无穷。

第三章

当你的才华撑不起梦想：
请立刻提升自己

　　最近很流行的一句话："现实很残酷，你要变强大。"怎么解释呢？理想很丰满，现实很骨感，现实是很残酷的，它残酷到可以触痛你的梦想，可以让你碰得鼻青脸肿。但现实又并不可怕，前提是你先要让自己变得很强大。

　　这个世界是很现实的，它不会因为你想要什么就给你什么，也不会因为你迷茫、彷徨、孤独就对你格外开恩；这个世界又是很仁慈的，它给了每个人雄厚而公平的资本，这资本，就是每个人都正拥有或曾拥有的年轻。只要你不虚度年华，只要你不辜负时光。这年轻，便足以让你赢取你所渴望的未来。

　　皇冠熠熠生辉，是梦想与荣耀的象征。当你的才华还撑不起你的梦想时，你就需要玩命地提升自己的实力。欲戴皇冠，必承其重。当你的才华还撑不起你的梦想时，请对自己马上进行提升与"充电"。除此之外，任何的不满、抱怨、矫情、傲娇，都起不了任何作用。

1. 你是我的软肋，也是我的铠甲

什么东西既可以是软肋，又可以是铠甲，甚至还可以终身受用呢？

犹太人曾说过："这世上有三样东西是别人抢不走的：一是吃进胃里的食物，二是藏在心中的梦想，三是读进大脑的书。"我们无法预知未来，但我们可以不断学习和成长，对明天的一切尽可能做好准备。我们好奇，我们恐惧，我们在未知的空白面前试图武装自己，保护自己，以适应大自然的瞬息万变。唯有知识，陪着我们一起成长，看着我们创造一个又一个灿烂的明天。

知识，既是我们的软肋，又是我们的铠甲。

远古时代的人类，头脑并不像现在这么发达，只能捕猎野兽和采集野果，过着茹毛饮血的生活。后来他们学会了用火，开始吃熟食，身体变得越来越健康，头脑也逐渐变得发达。在随后的日子里，人类又发明了各种工具，使农业生产得到了很大发展。17世纪英国哲学家培根曾经说过："知识就是力量"，一语道破知识的价值所在。的确，在人类历史发展的长河中，知识的洪流源源不断，始终作为推动历史前进的动力。

现在，我们已经从工业化时代进入到信息化时代，这种转变将会对我们的生活产生很大的影响。很多行业已经永远地消失了。很多人已经下岗，生意也越来越难做。我们没有必要抱怨，这实际上是社会的进步和发展的表现。

网络经济是新的发展趋势，并对现有的生产方式、生活方式、思维方式、经营管理方式等产生了重大影响，必将给整个人类社会带来一场深刻的革命。信息时代有三大特点：速度、变化和危机。速度就是经济周期急

剧缩短，变化就是新技术将改变很多传统事物，危机就是传统的思维模式、行为模式、商业模式将受到剧烈的冲击。

每当历史发生重大转变时，就预示着传统的机会在消失，同时预示着新的机会在产生。我们生活在这样的时代，就要学会寻找出路。生活在21世纪的我们，必须清楚地认识到，20世纪留给人们最大的陷阱就是满足现状；21世纪人类最大的危机就是没有危机意识，不懂得学习的重要性，不会用学习来适应时代的变化。

今天，不管你是老板还是工薪族，或者是刚刚毕业的大学生都不要高枕无忧，如果你自认为现在的职业或事业是终身不变的，大学生认为找份工作改变生活，那将是非常危险的，也是不现实的。

我们必须用一只眼睛盯着现在的工作或事业，用另一只眼睛观察这个千变万化的世界，因为当下是速度、变化和危机共存的时代。只有去学习、改变和创新，才能在千变万化的世界里取胜。

其实，我们每个人都怀着梦想走入了社会，进入职场，为了实现目标，我们每天都在忙于处理各种事情及无数的信息，忙碌又忙碌，重复又重复。这些事情，有的是必须的，有的是主动的；但有很多是被动的，还有很多是无奈的。然而，大多数人在这些忙碌的事务中忘记了自己最初的梦想与追求，偏离了自己的目标，成了普通人和穷人。穷人表面上最缺的是金钱，本质上最缺的是野心，脑袋里最缺的是观念，面对机会时最缺的是把握，命运中最缺的是选择，骨子里最缺的是勇气，改变上最缺的是行动，肚子里最缺的是知识，事业上最缺的是坚持，性格中最缺的是胆识。

而这一切的改变，靠的就是学习。学习是伟大的魔术师，他能让无变成有，让穷人变成富人，让富人变成贵人。这就是学习缔造的神奇，能让丑小鸭变成白天鹅，也能让癞蛤蟆吃到天鹅肉。

案例——亲爱的安德烈

"孩子,我要求你读书用功,不是因为我要你跟别人比成绩,而是因为,我希望你将来会拥有选择的权利,选择有意义、有时间的工作,而不是被迫谋生。当你的工作在你心中有意义,你就有成就感。当你的工作给你时间,不剥夺你的生活,你就有尊严。成就感和尊严,给你快乐。"

人类的每一次进步,都是运用知识产生的。它如此贴心,是我们最好的伴侣;它又如此忠诚和安全,永远不会对我们弃之不顾。大学生,当以学习知识为主,但获取知识不仅仅限于课堂,生活也是课堂,你离开了校园,转身走进的是"社会大学",学无止境,一生处处都是学习的机会。

2. 大学开始就该具备的知识和能力

没有学习力就没有创造力,创造力的枯竭就意味着生命力的枯竭。在职场上,成功者不一定是文凭非常高的人,但一定是善于学习的人,学习能力就是新一代成功人士的特质。知识可以改变一个人的命运,善于用知识武装头脑,并转化为行动力的人,一定会成功。

(1) 学习知识的方法论

学知识之前先学好做人。一位哲人曾经说:"权力并不能给人带来智慧,知识并不一定使人品德高尚。"知识经济时代,知识的价值在生活中越来越显著地体现出来。然而,我们也从没忘记"德智体全面发展"的教育方针,做人与做学问永远是大学生应该追寻的两大主题。

学知识应力求理解。学习应当边学边想,力求理解,避免一知半解。

弄懂知识的中心思想和基本原理,学习时,应当反复思考,把道理弄透彻。最后再总结并整理一遍,找到其中的联系,以便从整体上进行理解。

理清知识的思路。著名教育家叶圣陶说过:"文章有思路,遵路识斯真。"意思是每一篇文章都体现着作者的思路,遵循这一思路阅读,才能理解文章的实质。学习知识亦是如此。现在这个时代各种知识信息层出不穷,我们需要理清思路,甄别其价值,使知识能真正被自己所掌握。

知其然更知其所以然。学习中发现的问题一般有两类:一类是根据自己所具备的知识,认为书中的一些见解不正确、不完整,提出异议或补充;第二类是因为自己具备的知识还不够,因而想去解决不懂的问题。学习时提出疑问,然后学习有关知识,加之深入思考,收获一定会更大,还有可能发现新的知识,获得新的见解,拓宽知识面。

(2) 学习知识需要掌握的能力

理论知识能力。一个优秀的大学生必须拥有扎实的文化知识,包括专业知识和非专业知识,最终形成自己的知识体系。因为任何工作,无论是科学、教育研究,还是具体的实践,都需要丰富的理论知识。

适应环境的能力。适应能力是一个人综合素质的体现,它与一个人的思想品德、创造能力、知识技能等密切相关。大学生毕业之后,面临找工作、参加工作,组建家庭等事情,环境在不断地变化。所以,大学生要培养自己适应社会环境的能力。只有这样,即使是在比较艰苦的环境下,也能变不利的因素为有利的因素,从而为大学生以后的发展奠定坚实基础。

社会交际能力。人际交往是一门学问,它存在于社会的各个角落,是人们实践经验的结晶,在课堂上是很难学到的。但是大学生必须具备这个能力,它关系到毕业后生活的问题,而想要具备很好的社会交往能力,大学生就要大胆地把握各种交流机会,培养自己与他人心灵层面的沟通,同时做到诚实守信,人格平等。

语言表达能力。语言表达能力是大学生必须具备的一项重要能力。学习、工作和社会人际交往等都需要语言表达能力。社会竞争即是人才的竞争，而一个人拥有很强的语言表达能力，才能在就业竞争中让别人认可自己。若要具备这一能力，大学生首先要敢于说，这是练好口才的前提；其次要有话可说，这需要拓宽知识面，也是练好口才的基础；另外善于说话，注重语言得体，这是练好口才的关键。

动手能力。动手能力是将理论知识转化为实践工作的重要保证。对于大学生来说，毕业之后不管是从事教育教学研究、自然科学研究，还是在生产第一线从事技术管理工作。动手能力的强弱，都会影响着一个大学生的发展前途。为此，大学生要勤动手、重实践、多做实事，在扎实理论知识的指导下，提高自己的实际动手能力。

竞争能力。竞争能力是人们顺利完成任务所必需的一种心理特征，也是大学生乃至全人类都在追求的一种能力品质。当前社会是一个竞争激烈的社会，竞争能力的培养尤为重要。我们大学生应注意以下几点：一是要意识到竞争能力是自身发展和社会发展的需要；二是要意识到竞争是实力的展示，掌握更多的技能技巧，善于抓住机会，勇于展示自己才会在竞争中获胜；三是要意识到竞争实际上是一种人格的考验，大学生必须在社会竞争中保持积极健康的心态。

沟通能力。随着现代社会的进步和科学技术的飞速发展，每个大学生都必须具备较强的沟通能力。沟通能力是社会交往的关键，一个具有很强沟通能力的人，能把工作做得得心应手，而培养沟通能力需要自信心和必要的技巧。对大学生来说，应注意以下几点：一是要注意沟通中双方的互惠和相互尊重；二是要学会站在对方的立场和观点上看问题，了解对方的思想观点；三是要积极地在矛盾和冲突中找共同点，提高沟通的技巧。另外，应特别注意尽力避免以下几点：一是对别人任意的评价，二是不恰当的询问，三是命令的语气，四是威胁的话语，五是高傲的态度，六是注意力不集中，七是言不由衷。

3. 及时充电：不能终身受雇，但要终身学习

　　人们常把学习称为"充电"，这个比喻十分形象，如果一个人停止了学习，就会慢慢失去价值，被飞速发展的时代所抛弃。无论何时何地，虽然你离开了学校，但不能停止学习。时代要求我们不断学习，终身学习。每一个想要有一番成就的年轻人都不应该忘记给自己充电。只有随时充实自己，为自己奠定雄厚基础的人，才能在竞争的环境中生存下去。

　　我们这一代大学生属于迷茫的一代，站在新世纪的门槛眺望远方，不知何去何从。大学曾经是我们理想中的天堂，没有接触它时，它闪耀着神圣的光芒。经过艰苦跋涉，终于有一天我们真正走近了它，可以去亲身体验它时，却发现它并没有想象中的美丽。当我们走向社会时，发现自己原来什么都不会，校园里学的东西在现实中根本派不上用场，我们开始怀疑大学：大学与现实的差异在哪里呢？我们又应该如何去看待？

　　信息时代，每天新出版的图书、报刊和新涌现的科学创造成千上万，而你吸收知识的时间、能力、条件均有限，不可能一劳永逸，以不变的知识结构根本无法应对迅速变化的社会现实。况且，现在知识陈旧率高得惊人。在国外，一个工程师的学历在 6 年之后必须重新考试，假如考试没有通过，就不再是工程师。

案例——毕业意味着另一种学习的开始

　　小王毕业于厦门大学英语专业，想在国际教育交流领域闯出一番事业，于是任职于国内某高校涉外部门。在正常工作之余，他利用业余时间自学了市场营销和电子商务等课程，而且主动承担起部门网站编辑和国际交流活动策划等工作，成功组织了各项活动。通过努力，网站的质量也受到上司的好评。

几年后，由于部门管理混乱，他感觉这样继续工作毫无前途可言，便跳槽到一家国际教育发展投资公司做市场调研员，开始了每天在外面跑业务的生活。他只用了一年多的时间就成为公司的业务标兵，并升职做了主管。后来，他又被安排到市场部，担任市场部经理助理。在这个阶段，他开始全面接触市场工作，工作激情和绩效非常高。在助理的位子上，他充分发挥自己的特长，特别在市场策划方面显示出了过人的能力。

很多人从学校毕业，一走入社会后就丧失了上进心，他们认为自己在学校学习的知识足够一生所用了，于是就开始悠闲地吃起老本来。其实，毕业意味着一种学习的结束，同时也意味着另一种学习的开始，学习不是一个阶段性的任务，而是永无止境的。

充电不是看着别人报班就跟着起哄，而是要对自己有实用价值、有针对性地去学习。充电是随时随地都可以进行的，读一本书、与同事探讨问题都是充电的过程。即使有了一些工作业绩，也只能表明已经过去。如果想在这个行业中继续好好干下去，充电是唯一可行的方法，否则就意味着你会贬值。随着他人素质的提高，你在职业生涯中的能力，基本取决于对高新科学文化知识的掌握和运用程度。因此，要不断学习科学文化知识，同时要学习本职业的基本理论知识。

4. 课堂学习的五大步骤

人活着应该有个目标,没有目标和方向的人就会迷茫,而这个目标和方向又是与文化和知识联系在一起的。每一个人都有思考盲点,但就是因为这些盲点让你看不清目标和方向,这就需要别人来帮你看,而看书和学习就是突破这些盲点的最好方法,这就是为什么你要看书、要学习的原因。

学习就意味着发现、唤醒和思考,学习的过程就是不断为我们带来自信、果断、欢乐和兴奋的过程。学习实际包括了很多层面的内容:知识、信息、技能、价值,还有领导能力。其中最重要的一个内容就是摒除我们思想中的旧观点、旧习惯,为新思想的产生创造条件。

这时候,你要问自己:"是什么在阻碍我实现自己的目标和梦想?我是否在抗拒变化?我在抗拒什么变化?怎样才能克服这些阻碍我实现目标和梦想的观念和习惯?"那些与我们有相似目标的人,我们要注意听取他们的经验和教训,尤其是那些已经达到目标的人,我们可以请教他们,是如何改头换面、辞旧迎新的?

知识经济时代,是彻底的"以人为本"的时代。高智慧的人将决定一个企业乃至一个产业的兴衰,企业的竞争将集中在人才上。《管子·霸言》中说:"争天下者,必先争人。"反过来说:"一个人的知识越多,就越有价值。高知高酬、高智高位,势所必然。"

我们现在所做的一切都是为了将来能够拥有成功的事业和美好的生活。而想要拥有成功的事业和美好的生活就得从大学开始不断地努力学习。从课堂学习抓起,不断地学习才能使我们的各方面得到提高,使我们的事业与人生变得更好,做事变得更加得心应手,特别是对我们的将来会产生很大的影响。

课堂学习有五大步骤，掌握这五个步骤，将会对你的课堂学习起到事半功倍的作用。

（1）初步了解

包括新课程提前预习，不懂的地方、重点听老师讲解，讲过以后还不懂的地方再向懂的学生或老师请教，新课做到完全理解，即对学习内容的事先感知。

（2）重　复

以前说失败乃成功之母，其实并不是很正确，再怎么总结失败的教训，只能纠正过去的失败问题，甚至让自己摆脱不掉失败的阴影。重复对的新的知识才是学习之母。

（3）开始使用

学完新课以后的课后习题以及老师布置的作业都是对新知识很有针对性的实践性的训练，一定要认真完成，而不只是交差而已，要达到真正理解的程度。如果没有充裕的时间就不要花很多时间去思考一道题或一个问题，不能理解的让人给你讲一下。对新学的知识不去实践，不去使用练习，不付出行动，一切等于零。

（4）融会贯通

等需要你用所学知识去解决问题的时候，你能立马想到很多例子、题型、解题方法等。这就要求你不仅要实践新知识还要融汇过去所学的知识，就好比综合解题一般。

（5）再次加强

人的记性都不太好，遗忘速度却很快。不去加强很容易忘记，这就要复习，每一分私下的努力都会有加倍的回报，而且都会在成绩表上得到体现。记住下课后就是超越目标的时候了。

中国古代哲人荀子早就说过:"学不可以已。"人一旦放弃了学习,就等于把自己局限在旧知识的沼泽里,一旦时代发生了变化,人就会溺死在沼泽里。那么,放弃继续学习无形中是在挤压自己的发展空间,把自己一步步逼上了绝路。

丰富的学识需要以勤于学习做基础。久而久之,新知识会越积越多,自然会化作提高个人能力的动力,帮助人们取得成功。

5. 找寻适合的学习方法

学习是成功的阶梯。高尔基说:"书籍是人类进步的阶梯。"不断地学习不仅能够增长知识,而且能够增长智慧,"知识明,则力量进""知识就是力量"。学习对每个人来说都是非常重要的,是每个人成长、成才和成功的基础。

在学习过程中,寻找适合自己个性的学习方法,是迈向高效率学习,成功进取的第一步。

有很多人认为,学习其实是一件很简单的事情,是一个常识性的东西,是不需要思考的,其实这是一种错误的认识。恰恰相反,学习是应该值得认真思考的事情。

寻找适合自己的学习方法,就要把学习的普遍规律和个体的特殊性有机地结合起来。因此,一个善于学习的人会充分地了解自己的特点,认识自己的长处和不足,把学习方法和自身特点结合起来,形成一套独特而有效的学习方法。

为了大家方便寻找自己的特点与学习方法,我们不妨从以下几个方面入手。

（1）重复是学习之母

重复是单调的，但这些可都是真功夫。玩游戏，一次、两次、三次……我们会慢慢发现机关的所在，以及破解的方法。于是开始有野心去破纪录。一段时间后，当你觉得没有成就感时，又会去寻找新的刺激！

其实，人的记忆也是这样，当学习一段知识之后，只要懂得及时地复习，便会使知识记得非常牢固，若只读了一遍或暂时性地记住了，过不了多久就会忘记。所以，很多有成就的学者有着很强的记忆力，并不是他们的记忆力多么高强，而是他们会重复使用，以此来加深记忆。

重复是学习之母，当这种学习方式成为一种习惯，那么恐怕比千金万金还要珍贵。

（2）有选择地学习

耶鲁大学的校长海德雷说："在各界做事的人，无论是商业界、交通界还是实业界，都这样向我说，'他们最需要的人才是大学学院培养的、能善于选择书本、能活用书本知识的青年。'"从一个汗牛充栋的图书馆中，辨别选择书籍，以供阅读，这种能力将对一个人的一生产生很大的影响，因为掌握了如何在图书馆里寻找自己需要的书籍、资料，就等于掌握了怎样学习的方法。"工欲善其事，必先利其器。"这就像是一个工人善于选择工具一样。

（3）保持一颗充满好奇的心

一个人只有保持一颗好奇心，多思考，多观察，对自己身边感兴趣的事存有探究精神，持续地进行关注、研究和实践，才会增长知识、开阔视野，才能产生好的创意。这必然是建立在深入研究和仔细思考基础之上的，而创意的灵感一般都来自对事物的好奇心。

（4）善于从日常生活中学习

"读万卷书，行万里路"，是说人要有较多的知识和丰富的阅历，也就

是要人们能理论联系实际，善于利用知识处理各种事情。丰富的阅历是成大事者不可缺少的资本。所以，我们不但要注重书本知识，也要注重生活中的知识。

（5）适时地学以致用

有了知识，并不等于有了与之相应的能力，运用与知识之间还有一个转化的过程，即学以致用的过程。中国有句谚语："学了知识不运用，如同耕地不播种。"并且，培根在提出"知识就是力量"的口号以后，也明确地指出："各种学问并不把它们本身的用途教给我们，如何应用这些学问乃是一种学问以外的、学问以上的智慧。"

因此，你在学习知识时，不但要让自己成为知识的仓库，还要让自己成为知识的熔炉，把所学知识在熔炉里消化、吸收。学会结合所学的知识参与"学以致用"的活动，提高自己运用知识和活化知识的能力，使你的学习过程转变为提高能力、增长见识、创造价值的过程。

6. 学习最好的方式：向行业顶尖学习

大学生走向职场，不管你是老板、高管还是员工，都会遇到来自行业顶尖企业和产品的竞争压力。面对这样的情况，最明智的做法就是把对手当作老师，努力学习它，超越它。

最好的人生，就是进入自己擅长的领域，从事自己热爱的事业，见识行业里最顶尖的人，领悟他们的生活学习方式，并立下目标，在未来的日子里，努力去实现它。

在职场上，如果你所在的公司处在起步阶段，与那些行业顶尖者相比，几乎没有任何的优势可言。更为要命的是，这个时候公司并没有非常明晰的发展方向。面对这样的困境，你最好的做法就是静下心向竞争对手学习，而不是跟竞争对手对立、直接竞争。通过向对手学习，可以了解到对方的优势是什么，自己的强项在哪里。然后根据这些信息确定自己做什么，该往哪一个方向发展。

相反，如果你是一个缺乏学习心态的人，没有向对手学习的精神，那么，你在做产品或服务的时候，很容易陷入一种盲目的状态，失败也在所难免。

案例——学习竞争对手的长处

李开复还在微软任职的时候，曾于2001年到北京召开微软新开发的Windows XP新闻发布会。在与媒体记者聚会时，李开复给他们讲了微软的一个秘密：在微软公司，有一个团队，专门分析竞争对手的情况。他们研究的范围很广泛也很细致，包括什么时间推出什么产品，产品的特色是什么，有什么市场策略，市场的表现如何，有什么优势、什么劣势等。而且微软的高层每年都要专门开一个会，请这个团队成员来分析讲解竞争对手的情况。

有的记者猜测，微软的这种做法，是为了分析竞争对手的破绽，从而打败对手。但李开复解释道，微软此举是为了向行业最好的竞争对手学习，学习对方的优势。

微软通过学习对方的优势，然后去改进自己的产品，以此来建立自己的竞争优势。事实上，微软并不是个例。很多领先的企业之所以比竞争对手更具优势，就在于它们时刻悄悄地研究学习竞争对手。这些公司通过学习竞争对手的长处，改进自己的管理和产品，以此超越对手。

你看，就连IT行业顶尖的公司微软都懂得学习的重要性，更不要说那些还没有取得巨大成功的公司了。当今商业竞争异常激烈，为了赶超对

手，每一个志在成功的公司都应该学习顶尖对手的长处，特别是在产品的品牌、营销、公关等各方面都优于自己的企业时，它们更应该总结对手的成功经验，避免对手犯过的错误。可以这样说，没有向竞争对手学习的态度，就不能进步，就不能建立属于自己的竞争优势。

　　有人说，要成功，就必须要做成功者所做的事情。这话说得一点也不假。一家企业要想做大做强，就必须有一个善于学习的团队，也必须做那些成功企业所做的事情。而企业做到这一点的前提就是向行业顶尖企业学习。因为一家企业只有通过向竞争对手学习才能知道它在做什么，才能明白他们为什么这样做。企业在弄明白这些问题之后，就能够根据这些改进自己，从而在激烈的市场竞争中获得生存和发展。

第四章

职业规划：
不要让未来的你，讨厌现在的自己

在人生之路上，每一条都是前人通过实践经验摸爬滚打，走了无数次的弯路，摔了无数次的跤，经历无数次的挫折才得来的。很多正处于人生的十字路口，不知道未来何去何从的大学生或者刚刚踏入社会的年轻人，通过职业规划，给他们带来实质的指导，解决迷茫困惑之所在，使他们在工作和生活中获得成功和幸福。

人生没有回头路，也没有后悔药，做好职业规划，不要让未来的你，讨厌现在的自己。一个人的生命应当这样度过，"当他回首往事的时候，不因虚度年华而悔恨，也不因碌碌无为而羞愧。"

1. 成功的人生在于规划，揭开职业的神秘面纱

每个人的人生不仅与收入有关，还与自己职业生涯的规划发展有关。有目标的人才能抵御短期的诱惑，有目标的人才会坚定地朝着自己设定的方向前进，有目标的人才会感觉到充实。每个人只有找准自己的角色定位才能取得最大的成功，将自己喜欢的事情，做到极致，你便成功了。很多时候，失败的人并不是没有能力，而是角色定位的失败。个人生涯规划正是对个人角色有效定位的方式。

孔子曰："吾十有五而志于学，三十而立，四十而不惑，五十而知天命，六十而耳顺，七十而从心所欲，不逾矩。"爱因斯坦也说过："在一个崇高的目标支持下，不停地工作，即使慢，也一定会获得成功。"

学业规划是大学生通过对自身的定位、环境条件的认识和社会需求的了解，综合建立的阶段性目标和长远规划，以及为了实现所制订的一系列学习和个人能力提升的计划。

（1）学海中的灯塔

很多大学生在大一的时候激情澎湃，斗志昂扬。经过一年的洗礼，当他对周围环境和身边同学都熟悉以后，新鲜感的缺失会使他逐渐迷茫起来，最终成为"混大学"大军中的一员。在这个庞大的群体中，围绕着各种各样的问题：我为什么读大学？我读了大学能干什么？我毕业以后想要做什么？刨根问底，就是因为没有一个良好的职业生涯规划。

案例——小李的选择

小李,重庆大学的学生,学的是土木工程专业,大一的时候对计算机十分感兴趣,于是自己在网上购买了许多关于编程、程序语言的书籍自学。到了大二发现自己对经济学更感兴趣,然后书桌上面便又开始堆积着经济学有关的书籍,在平时没课的时候还去讲经济学的教室旁听。

一年过去了,到了大三,周围的很多同学陆陆续续开始准备考研,听着大家都说考研以后好找工作,于是他又投入了考研大军。当大四考研快要报名的时候,他突然觉得考研并没有想象中有用。最后,他决定就业。在严峻的就业环境里,盲目地寻找工作,结果可想而知,他并没有找到如意的工作。

小李的选择是无数大学生在读大学期间的缩影,导致小李没有找到一份如意的工作并不是他不够勤奋和努力,而是因为他不知道自己毕业以后应该从事什么行业,不知道自己适合什么行业。盲目地从众跟风,最终的结果只能是一无所长。一个没有职业规划的大学生,犹如一匹双目失明的千里马,没有方向地用力向前奔跑。

很多同学会问什么是职业生涯规划?职业生涯规划有什么用?如何才能真正地了解自己的兴趣爱好并从事自己喜欢的行业?专业和职业的联系到底是什么?

职业规划就是大学生活里照亮你努力方向的明灯,当你困惑的时候,当你迷茫的时候,当你遇见转弯路口的时候,它会给你指引前进的方向,让你不再像无头苍蝇一般瞎转悠。只有当你为自己设计好一份职业规划的时候,你才能真正地将每天的生活过得充实,不会盲目地跟从大众潮流,变得人云亦云。如果不想让你的大学生活变得漫无目的,那就从做职业生涯规划开始吧。

（2）成功的人生在于规划

一个人明确了目标，并不断地用它来激励自己，工作和学习效率就会提高，就更容易成功；反之，目标不明确，就像在黑暗中行走，而目标错误，则更是南辕北辙，遗憾终身。所以，如果我们并不明确要走什么路，我们最终哪里都到不了。这就是职业生涯规划的意义。

并不是说没有职业生涯规划的同学就不会成功，而是有精确规划的同学会更容易成功。所以同学们进入大学后的第一件事情，并不是去寻找校园周边有什么好吃的、好玩的地方，而是静下心来好好给自己做一份规划，有目的性地去学习和成长，将自己打造成社会的精英，让大学生活变得有意义。

案例——与学员的对话

王建明是某高校大一的学生，也是跟我关系比较好的学员之一，因为他喜欢思考问题，勤奋好学，每次遇到问题不解决誓不罢休的态度让我印象深刻。有一次在久职教育的课上，我给他们讲完职业生涯规划的重要性后，他便开始了他的一贯作风。显然他是有备而来的，阐述观点就足足花了十分钟，大概内容就是："常言道，计划赶不上变化。就算我现在做了职业生涯规划，并计划得很完美，但是在未来的日子里，我并不知道会发生什么样的事情，这些不可控的因素很有可能会改变我现在的想法，从而导致职业生涯规划做了也是白做。而且是老师你告诉我们，未来一切皆有可能。"

说完还带着狡黠的笑容，期待着我哑口无言的样子。我知道这是绝大部分同学心里的想法，只不过他说出了大家的心声。我对他报以微笑："你知道导弹和炮弹有什么区别吗？"他可能没反应过来我为什么会突然问这个，一脸茫然地摇摇头。"炮弹发射后会按照既定的轨道去击中目标，在飞行过程中，会受到很多因素影响，比如空气摩擦力、万有引力，最终炮弹可能无法击中目标，因为误差太大。而导弹为什么能够精准地击中目标，因为它会在飞行过程中不断地修改飞行轨迹，不管目标在哪里，它都能够准确地定位。那么职业生涯规划就是这样的导弹，而非炮弹。"

的确，未来的魔力就在于充满未知性，我们永远不知道明天会发生什么样的事情。但是这样就是不去好好规划明天和将来的理由吗？一份好的职业生涯规划绝对不是一成不变、不知变通的。对着正确的目标和方向我们需要不到南墙不回头的毅力和勇气。但是一旦你前进的方向是错误的时候，还一味地坚持那不叫智慧，叫愚昧。

在成长过程中，你需要根据自己知识面的拓宽和阅历的增长，像导弹一样不时地修改飞行的轨迹，这样才能精准无误地命中目标。当代大学生正处于风华正茂的年纪，希望实现自我价值，获得亲人朋友社会的认可，渴望成功，但一个人的成功，不可或缺的正是合理又适合自己的人生规划。

古罗马政治家、哲学家塞涅卡说过："如果一个人不知道他要驶向哪个码头，那么任何风都不会是顺风。"

有研究表明，当代大学生可分为四类：

一是没做过学业规划者。这类大学生做事没有明确的目标，随心所欲，贪图安逸。步入社会后大都生活在社会最底层，长期处于失败与颓废的阴影中。

二是学业规划模糊者。这类大学生对未来有一定幻想，学习全凭心血来潮，意志力非常薄弱。步入社会后往往生活在社会中下层，生活缺乏激情与动力，庸庸碌碌地为生活奔波劳累。

三是短期学业规划者。这类大学生能看清现状，明确自己目前所需与义务，有计划地学习和做事。步入社会后通常生活在社会中上层，处于白领阶段。

四是长期学业规划者。这类大学生有明确的理想，在未达成理想的任何阶段都不断努力，百折不挠，几十年如一日。步入社会后平台更大，天

地更广，终成行业领袖或精英。

社会竞争激烈，对个人的能力素质要求也越来越高。当今很多学生把大学看作是对曾经辛勤学习的嘉奖，认为在辛苦的学习后理应在大学里放纵自己，享受生活。然而等到步入社会，只能迷茫不知所措。"书到用时方恨少，事非经过不知难。"

只有充分的准备才能让你有信心，也有能力去应付各种艰难险阻，这就要求你必须确定自己的人生职业目标，有针对性地去学习锻炼，高效地进行人生职业的发展。学业规划是每个合格大学生必做的事，是你学习的意义所在。它具有哪些积极的作用呢？

让你更积极主动。目标导向会给你的大学生活带来更多乐趣，让你更有拼搏的动力，学习的热情，前进的信心。

有利于自我定位。学业规划能让你随时关注自己的现状，提醒你看清现实与理想的差距，只有不断深入地了解自己，发现问题所在，才能更快地进步。

促进自我发掘。学业规划过程中，让你更注重全方面发展，提高你的综合实力。

指引你的职业前途。学业规划让你清晰自己的职业方向，帮助你建立理想，为你的职业规划和人生规划奠定基础。

扩展视野。世界是开放的，对个人的全局观要求也很高，学业规划能让你更了解社会，了解政治、经济、文化等各方面的信息，紧跟时代的脚步。

2. 正确地自我评估，定位职业生涯方向

职业规划需要遵循一定的原则，对自己的认识和定位是十分重要的。每个人都要发挥出自己的特长。从事热爱的工作，这样的人才是最幸福和最快乐的人，他们更容易在事业上取得成功。

职业规划就是尽可能地规划自己未来职业发展的历程，在充分考虑个人的能力、性格特质、价值取向、发展利弊等因素的前提下，对自己未来的职业发展进行妥善安排，期望达到自己人生的最高境界。

职业规划包括几个基本要素：了解自己，包括审视自己的兴趣、能力、价值观、性格、气质、成长历程对自己的影响等因素；了解环境，分析能胜任所从事行业需要的能力、主要就业渠道、岗位职责、发展前景、薪资待遇等。

（1）正确地自我评估

自我评估是职业生涯规划的基础，有效的个人职业生涯规划首先要对自己做全面的分析，通过自我分析，正确认识和了解自己，对自己未来的职业生涯做出最佳的抉择。

如果忽视了自我评估，职业生涯规划就很容易中途夭折。自我评估的主要内容包括：兴趣、个性、性格、能力、特长、学识水平、思维方式、价值观、情商以及潜能等。即弄清楚你是谁，你想要做什么，你能做什么。

俗话说："当局者迷。"每个人对自己的认识总是片面的，所以在做自我评估时，应当考虑他人的意见，我们称之为"角色建议"。

正如美国福特汽车首席专家路易斯·罗斯所说："在知识经济时代，知识就像是鲜奶，纸盒上贴着有效期，如果有效期到了，你还不更新所有

的知识,你的职业生涯很快就要被腐蚀掉。"

一个合适的职业发展前景,就像鸟儿需要飞翔一样,职业就是你飞翔的翅膀,是你梦想开始的地方。能飞多远完全取决于你的判断力。因此,必须有明确的职业发展导向。

(2) 确定的职业目标

为什么要选择职业目标呢?因为如果你不清楚自己要朝哪个方向走,通常会原地踏步。就像大海中的航船、空中的飞机,没有目标就无法前行。如果没有职业目标,职业发展随时有可能陷入停滞状态。

第一,盘点自己。如果不清楚自己想做什么?适合做什么?能做什么?就难以找到自己发展的人生舞台,并演绎你多彩的职业人生。盘点自己包括:个人的能力、个人的兴趣与爱好、个人的性格与气质、个人的学识水平、个人的技能,进而综合评价自己。

第二,分析自己。分析自己采用机会评估工具(SWOT 分析法),包括以下几点:

优势分析:你曾经做过什么?你学习了什么?最成功的是什么?

劣势分析:性格的弱点,经验或经历中所欠缺的方面。

机会分析:对社会大环境的分析,对自己选择企业的外部分析,人际关系分析,潜在的危险分析。

分析自己的学业、专业与职业:学业是职业发展的基础,根据自己的能力与专业来选择自己的职业,确立职业目标。清楚地认识自己,就是要对自己的专业和职业进行完美组合,处理好专业与职业的五种关系,即专业包容职业,以专业为核心,专业与职业部分重合,专业与职业相切,专业与职业分离。

确定自己的职业发展路线,询问自己:想往哪一条路线发展?我适合往哪一条路线发展?我可以往哪一条路线发展?

第三,职业目标的标准。职业目标必须是自己认真选择的:对选择的结果要认真评估，对目标充满信心，愿付出行动来完成，适合你的生活模式，符合你的价值观。同时要注意：不要太贪心，目标要具体明确，高低适度，兼顾平衡，个人目标与企业目标要一致。

第四，目标的设定要以自己的最佳才能、最优性格、最大兴趣、最有利的环境等信息为依据。通常设定目标时分短期目标、中期目标、长期目标和人生目标。

3. 纵观三业，何去何从

人要适应环境，而不是让环境适应人。在职场这个大的环境中，我们都不是核心事物，无法去影响或改变环境时，首先要做的就是去适应，这不仅仅只是一个痛苦的过程，而是一个必然的过程。

"你想进世界 500 强吗？"当把这个问题抛给大学生的时候，我相信绝大部分的回答都是肯定的，但是当我问你知道多少个前 100 强企业名字的时候，能回答出 10 个以上的同学屈指可数。在大学期间，每天都在呼喊着要找一份好工作的你，连好工作在哪里都不知道，怎么能够在拿到毕业证的同时给自己交一份满意的答卷呢。不妨先确定自己的三业吧！

（1）行　业

行业的科学定义是指从事国民经济中同形式的生产或其他经济社会的经营单位或个体的组织结构体系，如金融业、汽车业、教育行业等。在行业的划分里面，我们将所有行业分为三大产业。

第一产业：农业、林业、渔业和牧业等。

第二产业：制造业、挖掘业、公共工程、卫生部门等。

第三产业：商业、金融、保险、通讯业、服务业和其他非物质生产部门。

在大学期间，你应该尽可能多地去了解行业，并选择自己感兴趣的行业。因为只有当你所了解的信息越多，涉及的范围越广，你选择的方向才会越多；只有当你了解的信息越全面，那么你选择的准确性才会越高。

我们在选择自己感兴趣的行业的同时，还要注意了解该行业的未来前景，弄清楚什么是朝阳行业。比如，现在全球都在倡导环保、绿色、健康的理念，我国也在大力出台促进低碳环保的政策，所以新能源的开发就属于朝阳行业。再比如，国内人口老龄化的趋势越来越严重，人们越来越重视健康的问题，因为需求在逐渐增大，市场前景较好，所以养老、医疗、保健等行业就属于朝阳行业。

而夕阳行业往往都是属于趋向衰落的传统行业或是创新力枯竭，生产力过剩，市场饱和，产品趋于同质性，竞争激烈，利润很低的行业。比如传统相机制造业、胶卷制造业、钢铁制造业等。

(2) 企 业

我们找准行业之后，再来考虑要进哪类企业，企业主要分为国有企业、国有控股企业、外资企业、合资企业、民营企业这几类，一般来说国有企业的工资比较低，涨幅低，并且晋升需要资历，也就是以在企业待的时间长短和为企业所做的贡献来衡量，但是福利待遇好，工作稳定，工作相对其他几个类型的企业来讲是比较轻松一些的，退休之后的生活也有保障。

而在民营企业工作，更容易锻炼出综合管理水平和综合技能，不同的企业工作强度也不一样，而且在民营企业，一般来说都会比较辛苦，因为奖金往往跟绩效挂钩，但是发展空间比较大，只要成长速度够快，那么你的晋升速度也快，拿到的薪酬也高。如果你能进入华为、阿里巴巴或500强等大型上市名企，这些企业的福利待遇并不比国有企业差。

不同的企业会有不同的选人标准，比如在可口可乐工作，必须具备的就是创新能力，因为在众多饮品的竞争环境下，要保持走在市场的前端，就要不断地创新，以吸引消费者。比如在毕马威工作，那么当众讲话的能力和职业规划能力是你必须要具备的，每个企业都有自己独特的企业文化，所以侧重的能力方向也不同，如抗压能力、交际沟通能力、团队协作能力、独立能力、逻辑思维能力、领导能力、实践能力等。你要在了解之后，有针对性地去提高自己，才能在众多竞争者中脱颖而出。

（3）职　业

在选择职业的时候，你要懂得利用自身的优势去选择适合自己的职业。正所谓："360行，行行出状元。"不管从事什么工作，首先就是要热爱，才会做出成绩。

在职业生涯规划里，你应有一个准确的定位，即对未来预期的目标及发展的方向。无论是从技术类岗位发展成技术骨干或者中层管理者，还是销售类岗位晋升为销售经理，都比选择做一个前台或是后勤助理等职位发展的速度要快，并且后者的薪酬待遇也远比前者要低很多。

如果以后你想要从事一份技术研发的工作，那么你在校期间就要不断地学习专业知识，因为仅靠上课时老师讲的教材上的内容，远远不能让你胜任这个岗位，你还需要看最新的专业期刊，并且还要不断地进行实践。如果毕业以后你想要成为一名优秀的销售人员，那么比学习销售理论更重要的就是你的沟通能力、演讲能力以及你的抗压能力。相比较之下，成为一名优秀的销售人员虽然比成为一名前台接待人员的要求更高，却是企业更渴求的人才。

如果我们将人生比作一次航行，那么小时候都是父母老师给我们掌舵，把握着前进的方向，等我们步入大学，船舵就交给了我们。人生的小船想要找到自己心仪的港湾，就需要锚来帮助我们将小船靠岸以免迷失在汪洋大海。在我们的职业生涯规划中，也同样需要这样一个锚来帮助我们

定位,而所谓职业锚则是指当一个人不得不做出选择的时候,他无论如何都不会放弃的职业中的那种至关重要的东西或价值观。

案例——富翁与渔夫的故事

一个风和日丽的日子,一位富翁来到海边漫步,当他看到一个渔夫悠闲地躺在沙滩上美美地享受日光浴时,不禁走过去,对渔夫说:"你在这里晒太阳,怎么不去捕鱼呢?"

渔夫说:"我为什么要捕那么多鱼呢?"

富翁说:"每天多花些时间捕更多的鱼,可以多赚些钱买几条渔船,再雇几个帮手多增加产量和利润呀。"

"挣那么多钱干什么呢?"渔夫问。

"之后你可以开一家捕捞公司,再投资一家水产品加工厂。"

"然后呢?"

"然后把公司上市,用圈来的钱再去投资房地产,如此一来,你就会和我一样,成为亿万富翁了。"

"成为亿万富翁之后呢?"渔夫接着问。

富翁略加思考说:"这样的话,你就可以像我一样到海滨度假,晒晒太阳、钓钓鱼,享受日光浴了。"

渔夫不假思索地说:"我现在不就是在晒晒太阳、钓钓鱼,享受日光浴吗?!"

有人说这个案例里面的渔夫不思进取,而有的人却说这个渔夫大智若愚。你怎么觉得呢?其实用职业生涯的角度来讲,富翁的说法是没错的,只不过他将自己的定位加在了渔夫身上,而渔夫有他自己的职业定位。想要了解你到底适合哪一种生活方式,就需要去了解自己的职业锚。

公认的职业锚有八种类型:

技术型（职能型）：这类人追求在技术上（职业领域）的成长和不断的提高，喜欢专业领域的挑战，而成就感往往来源于他们的专业水平。他们不喜欢从事管理类的工作，通常都是企业的技术骨干。

管理型：管理型的人追求职位的晋升，专注于管理，可以整合其他部门的成果，能够勇于承担责任，将从事的技术类工作当作自己通往高层管理的垫脚石。

自主型（独立型）：这类人希望能够选择自己的工作方式和工作习惯，不喜欢组织的限制和制约，他们宁愿放弃晋升的机会也不愿意放弃自主与独立。

安稳型（稳定型）：这类人追求稳定的工作，不具备冒险精神，能够诚实、忠诚的完成领导交代的任务，尽管有时候能达到一个很高的职位，但是他们不关心具体的职位和具体的工作内容。

创业型：创业型的人希望能够用自己的能力去建立一家属于自己的公司或经营自己的产品，有创新精神并愿意付出，也许他现在正在别人的公司工作，一旦时机成熟，他们便会自己创业。

服务型：服务型的人希望帮助他人来改善自己周围的环境，希望与人合作、服务于人的精神在工作中得到体现，就算在缺少他人支持的情况下，也不会放弃对实现这种价值的坚持。

挑战型：挑战型的人喜欢解决有难度的问题，战胜实力强大的对手，克服无法克服的困难等。对他们而言，生活和工作中必须充满挑战才能使他们富有激情，才能实现自我价值。

生活型：生活型的人希望能够平衡个人、家庭和工作的关系，甚至不惜牺牲职业的某些方面，比如放弃晋升机会来达到平衡的关系，相对于工作环境、工作内容，他们更关注自己的生活状况和自我的提升。

找到自己的职业锚，才能在职业生涯中认清自己的需求，才能知道自己的发展方向。选定行业，选好企业，选准职业。珍惜当下，永远不要说我才大一，现在还早，因为那么多比你优秀的人都还在努力，你没有理由

不努力。也不要说我现在大四了，已经来不及了，因为种一棵树的最佳时间是十年前，其次就是现在。

4. 寻找内心的激情和创造力

老子曾经说过："知人者智，自知者明。"我们在制订适合自己的职业生涯规划的时候，要先学会找准自己的定位。是做一颗势如破竹的棋子，还是做一个运筹帷幄的棋手，都应建立在充分自我认知的前提下。激发自己的潜能，找到内心的激情和创造力，再结合社会的需求，成功近在眼前。

（1）兴趣是最好的老师

沃伦·巴菲特说过一句话："我六七岁的时候就知道自己对投资有兴趣，应该说我挺幸运的，这么早就找到了自己感兴趣的东西。"

从事一件你喜爱的工作会成为你在事业上成功的一大助力。当我们在进行职业规划的时候，一定要结合自身的情况，懂得扬长避短，根据自己的兴趣来选择自己所喜欢的职业。

你可以去询问身边比较优秀的朋友或长辈，他们一定在很早之前就知道自己想要的是什么，但大学生在大学期间普遍都是浑浑噩噩，很少有人认真地去思考这个问题。很多同学都有过这样的经历，当你去看一部自己喜欢的电影，打一下午自己喜欢的游戏，你会充分体会到光阴似箭的感觉；而当你在听一个无聊的讲座，在军训的时候站一个小时的军姿，你会感觉"度秒如年"。这就是兴趣的力量。

很多同学在毕业以后，因为懒惰或者压力，勉勉强强做着自己并不感兴趣的工作。当工作了几年甚至一辈子，直到他退休或者离开这个世界的时候，才领悟到原来自己每一天的工作都索然无味，并不能从中获得快乐和成就感，这就是人生悲剧。所以当我们做职业生涯规划时的第一原则就是要择你所爱。

（2）唤醒你内心的激情

你喜欢什么事？

你适合什么事？

什么样的事情能让你每天精力充沛？

在做什么事情的时候能让你忘记时间、忘记疲惫，并愿意为之付出一切？

如果这些问题你在毕业的时候还回答"不知道"？那么你一定很难找到一份满意的工作。

如果我问你，你找男（女）朋友的标准是什么？可能女孩子会讲："身高一米八，阳光帅气，积极向上等一系列的标准。"男孩子会说："肤白貌美，身材苗条，温柔贤惠等。"有这样详细的标准你才能找到自己心仪的对象。如果你的恋爱宣言是："性别男，爱好女。"你就得从茫茫人海十几亿人里面去寻找到自己喜欢的人，那么能找到的概率就相当小了。所以说，当我们有了一个标准的时候，我们选择的范围就会小很多，并且为之付出的时间、精力等成本也随之减少。

案例——毕业一年，年薪破十万

几年前，久职教育有一个叫李浩的学生。他学的是通信工程专业。在毕业后的短短一年内，成了知名通信企业的项目经理，全面负责一个产品的整体研发，年薪十一万，成了同学们羡慕的精英人才。

初识他的时候，他还是一个比较内向害羞的男孩子。后来我通过一系列的交流，在给他做了几份专业的职业测评报告后，结果发现李浩的兴趣程度最高的类型是实用型,其次是研究型和企业型,而艺术型的得分特别低。我们综合他的兴趣爱好和测评结果,并且在双方的商讨下拟定了一份适合他未来发展的生涯规划:在校期间不断深入学习专业知识,满足课堂上老师所提及的内容,并且自学大量理论知识,多次参加社会实践。在日常生活中提高人际交往能力及管理领导能力,在毕业求职时选择通信行业,并且在不断的历练当中谋求晋升,成为企业高层管理者。

做研发的人对动手实际操作能力要求比较高,通信技术更是技术要求比较高的职业,在需要实际操作能力的同时还要求较深的理论基础。这也是国内知名通信公司研发人员招聘中专业知识要求会较高的原因。

我知道李浩研究型的分数也较高,结合他对研究的兴趣,非常符合研发岗位的需求。同时,他的企业型分数也比较高,所以他在从事研发工作的同时,还针对性地学习管理方面的理论知识,积累经验,主动承担起了团队中的组织协调和领导的工作。这就是他在短短一年以后成为项目经理的原因。

通过案例我们可以知道,成功的捷径是要了解自己的兴趣爱好,并结合自身性格优势将其转化为职业优势。当我们激发了兴趣才会有源源不断的激情投身于事业之中,并且愿意为之付出。有的同学会说,我没有什么特别喜欢的,就是有点喜欢某项事情,比如就是听歌、打篮球、逛街等。其实这些都算不上真正的兴趣,只能算一种喜好,或者说放松的方式、消遣,更算不上职业兴趣。

人们的满足感、幸福感往往来自于从事某项活动,而不是无所事事或单纯的享乐游玩。追求自己的事业是最好的生活方式。

(3)兴趣岛——如何找到和培养兴趣

如何找到自己的兴趣,如何培养自己的兴趣,这是职业生涯规划中十分重要的一环。下面我们将做一个小游戏,看看你的职业兴趣是什么?

第四章 职业规划：不要让未来的你，讨厌现在的自己

现在你有一个机会，去以下 A、B、C、D、E、F 六个岛屿中的一个岛旅游。但是有一个要求：必须要在这个岛屿上待满半年。如果不考虑其他因素，仅仅凭自己的内心想法，请选出你最想前往的岛屿。

A 号岛屿：岛上的生态保持得很好，有各种野生动物。居民以手工见长，自己种植蔬菜水果、修缮房屋、打造工具、制作器物，喜欢户外运动。

B 号岛屿：有多处天文馆、科技博物馆和图书馆，居民喜欢观察、学习，崇尚真理，热爱思考，常有机会和来自各地的哲学家、科学家、心理学家等沟通交流。

C 号岛屿：随处可见美术馆、音乐厅、街头雕塑和街边艺人，有着浓厚的艺术文化气息。居民保留了许多传统的舞蹈、音乐、图画。许多文艺界的朋友都喜欢来到这里寻找灵感。

D 号岛屿：居民个性温和、友善、乐于助人，社区自发形成了一个密切互动的服务网络，人们重视互助合作和教育，充满人文气息。

E 号岛屿：居民善于企业经营和贸易，能言善辩。经济高度发展，处处是高级饭店、俱乐部、高尔夫球场。来往者多是企业家、职业经理人、政治家、律师等。

F 号岛屿：岛上的建筑十分现代化，是进步的都市形态，以完善的户政管理、地政管理、金融管理见长。居民个性冷静保守，做事有条不紊，善于组织规划，细心高效。

兴趣岛游戏是职业兴趣探索里面非正式评估的一种，这六种岛屿代表着六种不同的职业兴趣类型。以下我们将比较详细地分析这六种类型。

A 号岛屿所对应的是实际型：个性平和稳重，追求实际效果，喜欢实际动手制作，进行实际操作。喜欢具体的工作，动手能力强，喜欢户外活动，更喜欢与物打交道，大多从事技术性行业。

B 号岛屿所对应的是研究型：自主独立，好奇心强，并且慎重，重视分析，爱好抽象推理等智力活动。喜欢以观察、学习、探索、分析、评估或解决问题为主的工作内容，多为科学研究人员。

C号岛屿所对应的是艺术型：属于理想主义者，具有独创的思维方式和丰富的想象力、创造力，追求美、自由、变化，喜欢多样性。如艺术家、诗人、演员、广告设计师等。

D号岛屿所对应的是社会型：对人感兴趣，洞察力强，乐于助人，有良好的人际交往能力，有强烈的社会责任感。一般从事服务行业，如教师、辅导员、医疗人员、社会工作者等。

E号岛屿所对应的是企业型：为人乐观，热爱冒险，善于向人推销自己的产品或观点，追寻领导力与社会影响，有强烈的责任感，勇于承担压力，愿意成就一番事业。如销售经理、企业经理人、政治家等。

F号岛屿所对应的是传统型：喜欢有条理、程序化的工作，防备心理强，回避创造性活动，乐于执行与服务，做事有组织有计划，细致并讲究精确。如会计师、银行出纳、秘书、程序软件开发等。

有的同学可能会问，只要我找到与我兴趣相匹配的职业，我就能成功吗？答案显而易见是不可能的，根据科学研究表明：职业兴趣和事业成功成正相关关系。所以找到和自己兴趣相匹配的工作并不意味着你就能走上人生巅峰，但能让你更容易或更快地达到你想达到的目标。

我们都知道社会的发展需要动力，人的发展也一样。我们同时需要外在和内在的动力，而兴趣便成了你通往成功道路上最有力的引擎。即使我们在未来选择了一份"待遇不错""发展前景很好""比较轻松"的职业，这个选择也没有错，如果你对这些工作没有兴趣，那么在你以后的职业生涯里很可能会出现缺乏成就感，找不到自己的价值，或者在面对挫折困境的时候坚持不下去的状况。总之，一个人对某种工作感兴趣，那么他就能发挥他90%以上的才能，并且能在保持高效的状态下不会有疲惫感。反之，则只能发挥个人能力的20%到30%，还容易感觉疲劳，事倍功半。

（4）霍兰德六型人格测试

互联网时代的发展速度越来越快，我们获取信息的途径也越来越多样化。包括职业测评工具，同学们可能用百度或谷歌搜索关键词：职业兴趣测评。然后整个屏幕就会出现各种各样的职业兴趣测试。当我们去做这些测评的时候，一定要注意，要到比较权威的网站去测试，然而类似的测评往往是需要收费的，同学们不要轻信一些免费的娱乐测评，因为这个测评结果对你来说是比较重要的一个参考方向。就好比你在学校生病了，你不会听信在校门口摆摊的江湖医生，甚至有时候校医院都不能解决你的问题，你还得去正规的大医院。但在久职教育的所有学员我们会免费提供几套具有权威性的测评工具，如霍兰德职业兴趣测试、九型人格、大学生就业能力诊断测试等，并且我们会结合学员自身的情况综合考虑制定职业生涯规划，并不是单纯地依赖测评工具。

霍兰德六型人格测试是在全球范围内，相对权威和流行的测评工具之一。包括我们刚刚做的兴趣岛不过只是霍兰德六型人格测试中最基础的一个小游戏。这个测试是美国著名的职业指导专业约翰·霍兰德在1959年提出的著名理论入职匹配理论："人的人格类型、兴趣与职业密切相关，每个人都有自己独特的能力模式和人格特征，每个人格特征的人都可以找到适合自己的职业，当个人的人格特征、兴趣与职业相符时，可以调动员工的工作热情和激发其潜力，并能提高员工的工作满意度。"霍兰德认为将所有人根据其心理素质和择业倾向可以分为六种基本类型，因此相应的职业类型也划分为六类：常规型、企业型、社会型、艺术型、研究型、实际型。

一般而言，一个人的兴趣爱好不仅仅是一个类型，而是几个类型的混合。我们通常选择得分最高的前三项作为个人的兴趣倾向。

虽然说测评只是一个参考方向，但是它能够给你传达的信息却是十分重要的，能够让你重新找准自己的定位。很多同学为高考付出了十几年的时间、精力、努力和大量的金钱，但在定位自己的人生方向和制订自己的个人战略方面，投资的人却少之又少。这就是大部分大学生遇见人生十字路口时会走错方向的原因，也是中国大学生就业难的直接原因！

5. 谁说毕业即失业

近年来,"毕业即失业"的话题众说纷纭,甚至出现了"上学无用论"这样荒谬的观点。从正常的逻辑上看,毕业应该是就业的开端,未经历就业与择业,如何谈得上失业?

大学生就业率不高的问题确实存在,因为很多同学大学四年都待在大学的象牙塔里,完全不了解社会是什么样子,更不知道用人单位的选人标准。社会与学校对大学生能力的衡量标准不同。社会更注重大学生的综合素质和专业能力二者相结合,理论为辅,实践为主;而学校则更在意专业技能的培养,考研,考英语,似乎还是离不开传统应试教育的范畴,大学生出了校门,感觉除了专业课之外什么都不会。

大学生对职业缺乏足够的认识以及合理的规划。多数大学生四年来处于"象牙塔"似的大学生活圈中,社会实践严重不足,人脉途径单一,加之对找工作准备不充分,甚至出现了一些所谓的"赖校族",逃避找工作的压力,不愿离开校园的保护。

我们要充分认识自身的不足,在大学生活中不断地弥补自身的短板,成为社会渴求的人才,让毕业不再失业。

(1)求职你必须知道的事

求职面前需谨慎,切不可盲目自大。主要针对在校期间成绩优异的学生,因个人条件优越,而对求职抱有幻想,期望过高。满腹经纶,怀才不遇,往往太过自大。

结合自身制订合理的求职方向,划定行业范围。除了本专业对口的工作之外,也可拟定两到三个备选方案,这些备选方案可以是与本专业有关联的，或者与自己的兴趣爱好相关的工作，不断挖掘自身潜力。求职方向应与人生规划相结合，各个阶段可以暂时不那么详细，但是要有基本的行径轨道，不要偏离航线。

判断形势，善于总结，及时调整求职策略。审时度势，多关注招聘信息，不同时期，有不同的计划，单位招聘也分淡季和旺季，把握好校园招聘的机会，充分展示个人才华，为求职成功加分。

针对应聘要求做好准备工作，制订职业规划。

第一，要选定那些合适的岗位。根据招聘条件制作个人简历，学习面试技巧，调整好个人心态。有些同学不是因为能力不强，而是面试时发挥失常，造成不好的影响。很多企业都重视团队合作，与人沟通的能力就显得尤为重要，能力强但疏于与人沟通的人易造成个人英雄主义的印象，这也是求职的一大忌讳。

第二，根据求职岗位制订职业规划。职业规划是面试的时候经常被问到的问题，这个时候务必慎重回答，因为这往往是在试探求职者与企业的发展方向是否吻合，求职者的求职意向是否明确，稳定性、忠诚度、做事的计划性同样也是要考察的重点。下图是世界500强能力素质模型图，结合自身情况，看看自己在哪些地方还欠缺，现在开始改变还不算晚。

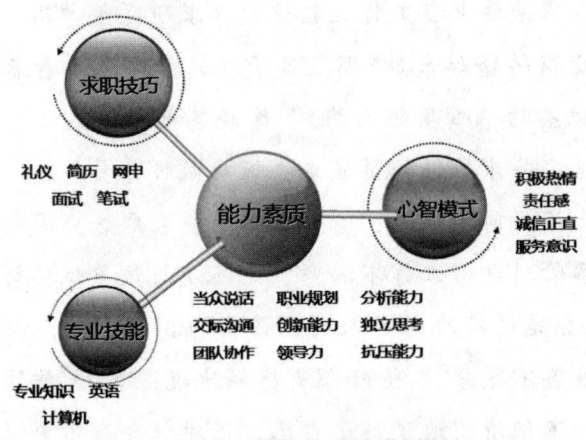

世界500强能力素质模型图

案例——现实与理想的差距

23岁的徐晓是山东某大学新闻专业的学生,在校期间表现出色,学习成绩优秀,连续3年获得奖学金,实习成绩也很好;是学生干部,还参加多个社团,人际交往能力和组织能力都不错。

与大多数学生不同,徐晓对自己的实力和前程都很自信。徐晓的就业目标是做一名"有理想"的记者,踌躇满志的她给自己定下了目标:"非地市级以上的媒体和单位不去。"

转眼到了3月份,用人单位的需求达到最高峰,徐晓向几家中意的媒体、杂志社投出简历,也参加了一些笔试、面试,却无一单位录用她。

经历过几次打击后,徐晓开始"怀疑"自己,也变得有些慌张。"那时我才猛然意识到,自己的职业规划不一定合理。"她开始"退而求其次",决定放弃做一名媒体人的梦想。当时正值校园招聘的高峰期,也确实有不少机会,包括一家中外合资企业打算聘她当文秘,但考虑到可能有更好的工作,她犹犹豫豫间就放弃了。"就像俗话说的'高不成低不就',出现机会时,总有些不甘心,以为还会有更好的工作,结果是好工作从身边溜走。"

毕业的日子越来越近,徐晓的压力越来越大。她不得不改变想法,打算找个单位先干着。但这时用人单位大规模的招聘计划已经过去,招聘要求也越来越高,不是要求有工作经验就是要求研究生学历,以致找工作越来越难。徐晓变得踌躇起来。"那段日子真的很难过,看着身边的同学一个个与用人单位签约,心里很后悔。"徐晓甚至做了最坏的打算:再找不到工作的话,就去超市做促销员或者去饭店做服务员。

所幸的是,毕业前半个月,徐晓收到了一家广告公司的邀请,从事文案策划工作。尽管对这份工作不满意,她还是与该单位签订了劳动合同。"我只能说,机会是给有准备的人的,最初的我太自信,以至于没有认清自己,对就业准备不充分。"徐晓深有感触地说,"找工作的过程使自己变得成熟和理性,不但清醒地了解了自己,还对社会有了更深刻的认识。"

毕业不等于失业。在学校我们学会基本的做人原则，在社会我们要努力证明自己，用能力创造生活。学校，像一位母亲，曾经呵护着我们慢慢长大，慈爱、包容；社会，像一位严厉的父亲，教导我们勇敢面对现实，勤奋才得以生存。

（2）敢问路在何方

四年前，我们挥泪告别父母，搭乘满载梦想的列车去往远方；四年后，我们挥泪告别恩师，拖着希望和忐忑的行李箱离开校园。可是失去了母校的指引，我们能否看清方向？

短短几年，环境已经发生很大的变化，城市高速发展，就连那段熟悉的十字路口，如今也被各种高楼大厦和数不清的高架桥所包围，置身其中，我们竟然找不到一块清晰的路牌。好奇、憧憬，夹杂着迷茫和未知，内心矛盾而又充满疑问。茫茫人海，何处才是安身之所？我们已被学校"抛弃"，不能再被社会所抛弃！

问题本身并不可怕，可怕的是找不到解决问题的方法！我们通过调研，在此可以将大学生本科毕业之后的可选方向通过"考研、留学、就业、创业"四个部分进行分析，这四个部分基本上概括了大学生毕业以后的选择。

第一，考研。求学之路崎岖而坎坷，如同攀登高峰只管摸索前行，毫无捷径甚至有些乏味。大学毕业的你，是否仍有勇气和决心继续向巍峨顶峰前进？

面对就业难题，个别对学术知识有更深追求且热爱学术研究的同学选择"暂避风头"。考研实为一个不错的选择，丰富知识，毕业之后还可能选择更高的起点。但对于那些刻意逃避社会，盲目跟风的同学，不过是获得了暂时的"安全"而已，三年后会面临更加严峻的就业形势。所以，认清自己的定位，并不是每个人都适合考研。

考研应当符合国家标准，一般按照确定学校、制订计划、网上报名和现场确认、初试、调剂、复试等待录取等程序依次进行。

对于考研，建议同学们从大三开始考虑。一些人从大一或大二就开始考虑是否考研，刚入学时需要适应新环境，情况变化太多，等到了大三，学业各方面都基本稳定了，这时候再考虑，对自己未来的定位会更准确。究竟该不该考研？考哪所学校？为什么考研？研究生毕业以后要做什么？此时，对这些问题会有更清晰的认识。

第二，留学。留学热潮，需要你仔细分辨。不要因为身边的同学都出国，自己也不管不顾地想出国。先要看看自己适不适合，然后制订目标和计划。解决好如何适应异国他乡的生活，完成学业，勤工俭学，与当地人友好相处，保证自身安全等问题，不要辜负自己的理想和家人的期望。

出国留学的基本要求：学历要求、英语要求、经济要求、签证要求等，各国各校均有不同标准。

出国计划应结合三点：①出国留学的意义，②出国留学的目的，③独立的思考方式。以上三点能帮助你更合理清晰地制订出国计划，直观了解出国的相关信息，例如，费用、语言、专业、环境等问题。

第三，就业。从事商业活动，这条道路是越来越多的同学要走的路。随着事业单位、政府机关、学校以及科研机构的需求变得十分有限，准入要求越来越高，毕业生进入这类单位的机会逐年减少。除此之外，在工作的选择上，相对于考虑哪些路可以走，更重要的是你适合走什么样的路。在做出选择时，需要综合考虑各种内外因素，如你的兴趣、性格、价值观和能力等这些内在的因素，以及随着经济的不断发展，企业对人才需求的外在因素。所以，对绝大多数同学而言，毕业后进入公司谋求发展是不错的选择，更是现实的选择。

第四，创业。与其为人打工，不如为自己打工。自主创业，就是指劳动者主要依靠自己的资本、资源、信息、技术、经验以及其他因素自己创办实业，解决就业问题。自主创业，很多时候和轻松、安逸毫无关系。

如果把人生比作一段需要一直选择的路，不同的选择使人生轨迹产生了不同的变更。你也许会选择一次，懊悔一次，但每一段艰辛的真实体验，都要比仅仅停留在自己的幻想中要好得多。鲁迅先生说："世上本没有路，走的人多了，也便成了路。"

不管选择了十字路口的哪个方向，自己的路只能自己走。向前是愿望，向后是成熟，左边是幻想，右边是现实。虽然我们注定鱼与熊掌不可兼得，但每个方向里，都有一番别样的滋味、别样的色彩等候我们去咀嚼，去体会。

6. 你现在的"钱途"和未来的前途

近年来，我国每年高校毕业生多达上百万，且保持逐年上升的趋势。这意味着找工作难，找好工作更难。选择工作时可考虑的方向有很多：地域、薪酬、公司福利、发展前景、节假日等。那么，在大学生刚刚毕业的时候，面对求职的首要选择是什么呢？当你面临近期的"钱途"和未来的前途的时候，该如何做出选择呢？

（1）应届毕业生的定位

其实说到底，现在的应届毕业生在最开始的时候，不管是选择薪酬还是公司的发展前景，都应该先给自己明确的定位。从自身的角度出发，综合考虑自身的实力，再参考整个人才市场的情况。但一般来说，大学生就业之初，自己的期望薪资都会普遍偏高。

事实上，绝大部分人都并非自己创业当老板，多数都是选择为别人打工，无论你是在工厂做工人、在大公司上班、在银行做经理，甚至是某个上市集团的CEO，你都是在为别人打工。虽然工作的内容、得到的福利待遇可能差别很大，但是工作的本质并没有区别。

人一生可能会与无数个公司产生交集，鲜有终身仅在一家公司任职的

情况。可能你的成长速度超过了公司的发展速度，想去更广阔的天空翱翔，因而选择了跳槽；也可能你的成长速度远远跟不上公司的发展，面临被炒鱿鱼的情况。也许你一辈子会换很多次工作，但是换工作并不等于换行业，俗话说"隔行如隔山"，如果你不停地更换行业，那么你的一生就基本上很难有大的作为了。所以第一份工作就显得尤为重要，因为第一份工作的性质影响着你将来的发展方向，很多同学在毕业之后坚信先就业、再择业的理念，这个理念没有错，只不过很多同学会一概而论，先就业并不是随随便便找一份工作，而是在选定的行业里面先就业，否则你的第一份工作相当于浪费生命，并没有对你的个人价值的提升起到一点儿作用。

就好比你想进入广告行业，但是你为了先就业，先去做了一份餐厅服务员的工作，虽然能够早点适应社会，但是餐厅服务员的工作经历是否能为你进入广告行业提供帮助？答案不言而喻，因此你要认真地选择，不能为了就业而就业。

（2）应届毕业生的选择

有人说，没有最好，只有更好。这就好比找工作，不存在最好的工作，只有更适合你的工作。对于刚刚毕业的应届生来说，最大的问题是不知道什么样的工作才适合自己。很多人在去一家公司面试之前，可能连这个公司的业务范围和招聘的条件都不知道，也许有心的同学还会在网上查一下公司的简介，但是仍然带着懵懵懂懂的状态去公司应聘。有人曾经做过一份调查和研究，认为选择一份工作最重要的三个因素是：薪水、行业和兴趣。

薪水：薪水也包含除工资以外的所有福利。虽然人们常说谈钱伤感情，但是职场里面我们必须要谈钱，薪水衡量着一个人能力的高低，如果薪水连一个人的基本生活都不能保障，更别说以后的发展和未来的理想了。一份和能力价值不匹配的工资待遇，只会消磨你在工作中的积极性。虽然工作不分高低贵贱，但一份不错的薪水，会让所有人都注意到你。如果你的薪水很低，难免会有低人一等的感觉。薪资水平在一定层面上确实能映射出你的综合能力。

行业：当你做出了行业选择，就预示了接下来几十年里大致的工作方向。如果你选择了一个朝阳的行业，即使你的基础比较差，但多年积累之后，你也能成为这方面的资深人士，被很多公司和猎头抢着要。反之，就很悲剧了，对夕阳行业中的大部分人来说，不管你怎么努力，都可能面临着更多的发展局限。

案例——选择行业的重要性

比尔·盖茨在大三的时候，选择离开哈佛并把全部时间精力投入到他与好友保罗·艾伦创办的微软公司中。他们深知电脑将走进人们的生活，电脑将成为每个家庭和办公的必需品，带着这样的信念，他们开始为计算机开发软件。比尔·盖茨的远见卓识以及对计算机的敏锐触觉是微软在软件产业成功的关键。在比尔·盖茨的领导下，微软持续地发展并改进软件技术，使软件更加方便易用、更省钱和更富于乐趣。

企业推崇的长远发展理念，这点从每年超过 50 亿美元的研究开发经费就可看出。比尔·盖茨曾经说过，"成功的轨迹作为一种策略路线，从一开始就应该走上正轨，我看了大量来自麻省理工学院的公开课，数量超过我所知道的任何人。我当年离开学校并非因这个环境不适合我，而是因为当时我想迅速抓住微软发展的机会。"

上面这个故事在告诉我们，进入这个行业的时期也是很重要的，要抓住时机，这样才能获得成功。

兴趣：兴趣也是一大要素，很多人选择行业的时候，会考虑自己的兴趣，毕竟工作占据了我们人生大部分的时间。很多应届毕业的大学生不知道自己真正的兴趣是什么，或者很多人兴趣广泛，但不知道哪个兴趣更适

合自身发展。即使我们难以依据兴趣确定自己的就业方向，但是不喜欢的工作类型还是比较容易发现的。在我们徘徊于选择感兴趣的工作时，我们可以先从避免选择自己不喜欢的工作入手，即使这个工作的薪水再高也是如此。

案例——找到自己想要的

以前看过一部电视剧《北京青年》，其中男主角何东毕业之后，听从父母安排考了公务员，生活在北京，有车有房，祖孙三代和和睦睦，女朋友温柔漂亮，朋友仗义，自己工作稳定，这是多少人都羡慕的生活。前方一帆风顺。然而在结婚登记的时候，他却突然反悔了，闪电般分手、辞职，他想重走青春找回真正的自己。

这部电视剧当时火了很长一段时间，喜欢这部电视剧的人大都是在现实生活中迷失了自己，他们和何东一样过着压抑的生活，经历着没有爱情的婚姻、枯燥无味的工作，每天都在重复昨天的生活。现在这样类似的大学生也很多，小时候听父母的学画画、学唱歌，选学校听父母的，读大学选专业听父母的，毕业之后也听父母的回到家乡找了一份稳定的工作拿着稳定的工资，当他走出来看到世界真正活明白的时候，恐怕也没有勇气像何东一样和交往三年的女朋友分手，辞去工作了五年的公务员工作。

何东用了五年时间才找到自己的人生定位，公务员这把椅子一屁股坐上去就能让你看到退休的样子，工资浮动也不大，设想一下如果何东没有离开北京继续做公务员，可能再做十年也还是在重复枯燥无味的工作。不过也有一部分人认为何东的行为很疯狂，其实这种事因人的感受而异，何东放弃了很多人认为的美好生活，去追逐他的目标，突破了旧有观念的束缚，把自己的感受放到了第一位，这是很多人想做却不敢做的。生命其实有很多选择，只要努力去追寻，一切都是有可能的。

另外，一旦我们发现了自己真正的兴趣，也就不必在意行业和薪水了。这个行业即使再小，对于个人而言，那也算是一片大森林，一个人真正对一件事情或者工作有兴趣的话，那他一定能做出一番不错的成绩，也能在自己的那片小树林里茁壮成长。

其实说到这儿，大家心里也应该有个方向了，选择薪酬，选择发展前景都可以，关键在于自己。只要我们能调整心态，放下很多"高不成低不就"的架子，虚心进入职场学习，在自身能力没有达到要求的时候，切勿眼高手低，做事要务实。对于应届毕业生的初次就业，不要期望过高，也不能要求太低，即使不如意也没关系，因为我们还年轻，可以当作锻炼和积累经验的机会，关键还在于我们要从中学到东西。更要尊重职业，多培养自己的能力和提高自己的敬业精神。

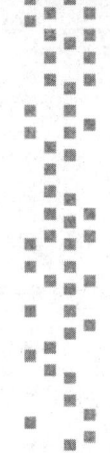

第五章

轻松求职：
500强企业面试通关秘籍

职业目标决定未来高度。没有职业目标如同驶入大海的孤舟，四野茫茫，不知道自己走向何方。只有树立了科学的职业目标，才能明确奋斗方向，犹如海洋中的灯塔，引导你避开险礁暗石，奔向未来。

1. 求职从大一开始，让自己成为"铁饭碗"

俗话说得好，"养兵千日，用兵一时。"与其羡慕那些一毕业就能找到满意的工作的人，还不如从大一开始就好好制订计划，这样就不至于到大四才匆忙应付就业。

（1）求职不是大四的事

罗马不是一天建成的，没有大学四年的规划积累，你怎么去求职？你在大学里面要做的就是努力让自己变强，为之后的求职打下基础，而这个基础需要从大一就开始。想想几个月前的高考冲刺，想想自己那浴血奋战的高三生活，你现在的大学生活多么舒适安逸？也许有同学会说，别人的大学无非每天都是该上课就上课，没课时就打游戏看电影，那么你想过初入高中时你和班上的同学都是差不多的成绩，为什么经过三年的学习和高考后，差距如此之大呢？

反观现在，大一进校，同学之间仍在同一起跑线，但是你相信吗？四年后你们之间的差距将是天壤之别，究其原因就是大家度过大学的方式不一样，在你熬夜游戏、通宵 K 歌的时候，别人却在努力学习。所以，不要拿那些反面例子给自己的不努力找借口。

很多同学大四毕业找工作的时候，审视全身，却难觅自己的优势，整个大学期间都是随波逐流，别人考四、六级我也考，别人准备考研我也志气高昂，别人准备参加工作，我也立马准备求职。大学四年看似也没闲着，可总是跟着大众做着差不多的事，没有主动意识去考虑自己真正所需要的东西，也没有思考过自己是否适合，最后日渐平庸，没有明显的个人优势。

还有些大二、大三的同学觉得我现在才开始准备求职，是不是已经太晚了？是不是就放弃了呢？

案例——别让时间悄悄流逝

我在店里吃早餐，遇见一位女士与店主起了争执，好像是店主少放了一枚鸡蛋。她要求退钱，店主不肯。旁边还有位女士，估计是她的朋友，一直在劝解。吵着吵着，那位女士突然坐下捂住脸，哭了起来。她朋友吓了一跳，忙不迭地跟她说："不就一枚鸡蛋嘛，哭什么，咱们不要就是了。"她抽泣着说："我不是哭这个，我是伤心，为什么我都30多岁了，却还要

为了一枚鸡蛋与别人争吵?这不是我想要的生活。"

有多少人也是这样,带着大学时的梦想进入职场,被一遍遍过滤,最后被装进罐头。如果你不希望未来的路是迷茫的,那你就需要找到自己的思路,用心去规划人生。

"种一棵树最好的时间是十年前,其次就是现在。"

如果我们大一就有紧迫感,就能为将来的求职进行定位,并有计划地、有针对性地去弥补自己欠缺的素养,去创造自己所不具备的条件,这样我们才能应对求职之路的坎坷。然而扪心自问,我们的大学生活这样去经营了吗?很多时候,我们仍旧复制着中小学的学习方式,只活在每天上课、考试的机械化生活中,缺乏个人竞争力,丧失了自我感知与反省。

希望各位同学,不要辜负大学四年的时光,在有限的时间里,为自己的未来准备些什么,千万不要等到毕业求职的时候病急乱投医。让我们未雨绸缪,让自己的求职从大一开始吧!

(2)求职从大一开始

众所周知,面试十分钟,大学四年功!如此看来,求职这件事是需要从大一就开始准备的。大学不同于高中,学习与生活,全要靠自己的主动性和驱动力。优秀的人,他们早在大一、大二就已经清楚自己想要什么,早已集中精力往规划好的方向努力了。若你等到大四才开始行动,已经远远赶不上他们了。

为什么要提前做好规划?因为,我们人生中面对的许多决策和选择,都需要以足够的储备能力条件为前提。如果你事先没有做好准备,那么你就只能花更多的时间去弥补,或是甘于平凡庸碌,在那些门槛最低的选择中挣扎和徘徊。

在久职教育,我经常会指导同学:现在的你们是"人材",就像一块材料,经过三四年的打磨过后才可能是"人才",而在进入企业以后若能为之带来效益,那你就能成为"人财"。若不能带来效益,反之则为"人裁"。几乎所有的企业单位都需要"人财",所以在大学里面最重要的事就是把自己从"人材"打磨成"人财",而这个打磨的过程需要足足三四年的时间。试想如果从大一就开始准备,那么在你毕业的时候就能成为一名合格的"人财";如果从大四才开始准备,你只能在进入社会以后才开始自己打磨"人财"的过程,这时你很有可能成为"人裁"。

求职作为 90%以上的同学都要走的路,如果你一开始选择的方向不对,那到最后所有的努力都可能白费。举个简单的例子,我们经常听老师说:"只要功夫深,铁杵磨成针",然而同学们不可能都是用来磨成针的"铁杵",有些可能是"木材",有些则可能是"塑料",努力的方向必然不同。所以,要想求职对号入座,尽可能不做无用功,你就要从大一便确定好自己的求职方向,或者从入学前就开始制订求职规划!

案例——目标从大一开始

在久职教育我遇到徐杰同学,他是一名普通的本科学生。大部分学生刚来到大学就专注学习,参加各种活动,而他来到大学的第一件事就是把学校周边贴的招聘广告通通问了个遍,很多人都以为他是在找工作,但慢慢地发现他只是向店主询问,简单了解之后就走了,没有丝毫要去工作的意思。

他平时没课的时候就喜欢走出校门去了解这些,时间一长商家和他也就熟了,身边的人却觉得不理解,他做这些到底是为什么啊。虽然不知道原因,但肯定不是单纯的聊天,很多人都表示不理解。

某天学校有个老师忍不住问他:"徐杰,你每天都去商家那里,究竟是做什么呢?"徐杰笑笑说:"每次走在路上看到商家招聘我就会进去,其实我不是无聊专门找人聊天,而是每次看到他们招聘我就特别好奇,他们招人的需求是什么,用人的标准又是什么,什么样的员工才能是他们最

满意的，后来通过跟他们交流，慢慢地了解到不同的地方对用人的要求也不一样，但是他们几乎不变的标准就是吃苦耐劳，要有较好的语言表达能力，勤奋好学。还有一句不变的准则：'只要你有能力在这个行业好好做，薪酬职位都不是问题。'我当时听到这些，感触挺深的，看到这些小公司的招聘要求，就想到那些大型企业的要求会更严苛。"

进入大学以后才知道能力很重要，但是能力具体指哪些呢？大学四年该怎么学习才能达到企业的需求呢？我们毕业后面临的就是就业，大部分学生都想进入名企，毕业之后才了解到各个企业的用人标准，通过了解企业用人标准找到自己的定位，这就是我目前的想法。看到刚刚进入大学校园的徐杰说出这番话，感到挺意外的，很少有同学能在大一想到这些。后来徐杰在进入大学的半年后就找到了就业目标，他想进入毕马威工作。他把毕马威求职的要求标准一一列出来，进行各方面的完善，就这样徐杰在大一的时候就完成了人生的第一份简历，紧接着按照企业的准则要求自己，哪里不足就努力充电，坚持在久职教育通过实践锻炼自己，大多数大学生制作一份简历可能用一二个小时就结束了，而徐杰却用了四年时间来完成。毕业之后当很多同学开始到处找工作的时候，徐杰已经坐上名企直通车了。

（3）让自己成为"铁饭碗"

部分同学认为，我如果毕业之后，就去报班考公务员，或去从事教师这样的岗位，如此这般再从大一考虑求职是不是就没有必要了呢？事实上，新闻常有报道，那些号称"铁饭碗"的岗位每年的录取比例微乎其微，通常几千甚至上万人竞争一个岗位，你能有多少把握从中脱颖而出？即使你天赋异禀，运气爆棚，但你不从一开始就做足准备，仅仅指望临时报班复习就能过关，那你真的太天真了。再来说说"铁饭碗"的真正含义，现实中，是不是有了所谓的"铁饭碗"就一定会生活美满，过得幸福呢？相比燕雀鸿鹄，一个稳定的饭碗换取你一生中无限的可能是否值得？其实，所谓"铁饭碗"并非为自己寻找一个永不失业的靠山，而是当你拥有足够的实力后，能成为自己的坚实后盾。

经常听见有家长和同学说"学校一定要考名牌院校，专业也要挑热门专业"，而一旦运气不好或者考得不是很理想，被一些不知名的大学录取或者读到了冷门专业，很多同学和家长就会觉得就业前景和将来的前途会一片灰暗。其实，社会在不断发展进步，未来是怎样的，谁都无法预料，这个社会最注重的是个人能力而非学历与专业。

我们不否认名校的就业机会和发展平台在初期会比普通高校更具优势，但同样不否认，每一年从普通院校出来成千上万的学子中，也不乏出类拔萃的学生，想想那些热门专业，你在报考的时候是热门，可真正等到毕业的时候它还是热门吗？谁也无法肯定，毕竟这个时代进步的速度是很快的，四年时间，足以改变很多事情！但只要我们从大一开始，一步一步朝着正确方向踏实走下去，无论沧海桑田，是金子依然会发光。

俗话说："距离产生美。"这句话放在高三学子身上也同样适用，大部分学生都倾向于报考离家远的城市，并不是自己的家乡没有合适的学校或专业，而是想离开熟悉的地方，体验新的环境。在那个对外面世界充满好奇和向往的年纪，任何阻碍都很难改变他们的选择。但与填写报考志愿不同的是，就业的选择不能仅仅考虑城市所在地。很多人向往大城市，认为大城市机会多，可等到了那里却发现机会虽然多，但竞争压力也非常大。

试想，如果你之前并未有计划地提升个人实力，不从大一就开始为闯荡大城市做准备，又何谈有足够竞争力去赢取机会，更别说顶得住巨大压力了。无独有偶，大型企业的门槛虽也在逐年提高，但大家争相涌入的热情不减。环境优越、发展平台好的背后，是空前巨大的工作压力，近几年接连发生的员工自杀事件历历在目，发人深思。"不想当将军的士兵，不是好士兵"。但是，你真的具备在大企业立足的资本吗？你的准备充分吗？只有早日做好自己的规划，一步一步，脚踏实地，从细节开始做起，将来

走入职场才能不迷茫。

很多同学可能会想,我平时很注重细节,那是不是意味着我就可以成功了呢?

案例——不要错过每一个小细节

临近黄河岸畔有一片村庄,为了防止黄河水患,农民们筑起了巍峨的长堤。一天有个老农偶然发现蚂蚁窝一下子猛增了许多。老农心想这些蚂蚁窝究竟会不会影响长堤的安全呢?

他正要回村去报告,路上遇见了他的儿子。老农的儿子听了不以为然地说:"偌大坚固的长堤,还害怕几只小小蚂蚁吗?"便拉了老农一起下田。当天晚上风雨交加,黄河里的水猛涨起来,咆哮的河水从蚂蚁窝渗透出来,继而泛滥,终于堤决人淹。

蝼蚁虽小可溃千里之堤,倘若一开始村民就不放过细节,又何来如此灾害?但换个角度思考,从这个故事也能看出,再微小的力量积累之后都是可怕的。就如同我们对求职的准备,虽然在大一时看似对求职并没有多大的帮助,但是随着日积月累就能在职场发挥巨大作用。求职准备从大一开始,让你成为自己的"铁饭碗"。

2. 成功拿到500强offer,解密毕业后年薪十万

通过了三年高中学习,经历过了高考的洗礼,有的同学考上了知名大

学，赢得了周围同学羡慕的眼光。而有的同学在大学毕业后年薪直接达到十万更是让人嫉妒不已。毕业之后找到年薪十万的工作难吗？看着难，实则不难，因为在大学这个自由的环境里面，你可以向自己喜欢的方向自由发展，大学充满了无数的可能性，只要你充分利用好这几年的时间，任何一个人都可能达到这样的高度。

（1）高考 VS 找一份好工作

在久职教育我曾问过很多同学同一个问题，你觉得是高考难还是找工作难？很多同学已经经历了高考，所以选择后者。在我看来，找工作并不难，你可以去餐厅当一个服务生，可以去送快递、送外卖，还能自己买一辆车成为一名职业滴滴司机。以上都可视为找到了一份工作，这些工作并不难找，因为它并没有太大的难度，并且对个人能力、学历要求也不会太高，基本上任何人都可以去做。但找到一份适合自己、有发展前景并且薪资待遇不错的工作那就有些不容易了。

在经历了三四年的大学生活之后，大家都在找工作，如果你的家庭条件并没有别人的好，那你只有靠自己去创造机会。有的同学进入了比较好的工作单位，而有的同学却面临着"高不成低不就"的尴尬处境。而毕业期间有少数同学因为家里环境条件较好，沾父母的光就能轻松找到一份体面的工作。但更多的同学必须靠自己，也许你会感到不公，但你没有必要气馁，因为努力奋斗能让你享受同样的待遇，而且更稳定靠谱。很多企业仍处在求贤若渴的阶段，只要你足够的优秀，机会还是很多的。

案例——成功拿到 500 强 offer 的秘诀

我曾经受邀到某个高校去讲关于职业生涯规划的课，在那次讲课的过程中偶遇到了三年前培训过的一个叫王丽的学生，王丽家庭条件并不是特别好，父母都是在外打工的典型的体力劳动者，她家里还有一个弟弟在读

高中,她深知父母压力特别大,所以在大学期间生活费、学费都是自己靠奖学金、贫困补助和兼职挣的,现在她已经拿到了500强的offer,而且薪酬待遇让周围的同学都羡慕不已。

在大四找工作的时候,她所应聘的岗位总共需要3个人,但是去笔试的人数达70多位,并且听说在录取的3个人里面有一个人已经被内定了,因为其父亲曾是该企业高管。所以要在70多位应聘者里杀出一条血路,实则不易,通过网申、笔试以及四轮面试,最终她和另外一个名牌大学的学生留了下来。

我问她成功的秘诀,她笑着摇摇头:"哪里有什么秘诀,其实我当时也没想到最后能够成功地留下来,毕竟来竞争这个岗位的人实在太多了,特别是听说已经被内定了一个名额的时候,我觉得希望更渺茫了,但是挺幸运的,我最后留了下来。自从我大一在久职教育培训过后,制订了自己的职业生涯规划,就开始准备这一次求职了。我花了足足四年的时间应该会比其他同学准备得充分一点儿,当然也有运气的成分在里面。"

职业生涯规划里面有一句警语:"进入大学的第二天开始准备求职就已经晚了。"在电视剧《猎场》里面胡歌还有一句经典语录:"一个人的前程是什么?那是一种越来越好的趋势,有偶然的,也有必然的,偶然的是你在奋斗,幸运女神看见了你,必然的就是通过奋斗,你看见了幸运女神。"以上都证明了一个老掉牙的真理,机会往往是留给有准备的人,任何一次光鲜亮丽的成功背后都是付出了很多不为人知的心血和汗水的。

(2) 1万小时定律

美国心理学教授埃里克森和同事们研究出来了一个理论,他们认为天才是可以后天训练出来的,人们眼中的天才并非一定是天资非凡,超人一等,而是付出了持续不断的努力。经过1万个小时的锤炼,任何人都可能从平凡变成超凡。这一理论同样适用职场生涯,在职业生涯规划中还有一个重要法则是"3—5—8年法则"。意思是一个人在某个领域里不断学习3年，持续努力，就能成为这个领域的专家；如果达到了5年就能成为这个领域中全国范围内的专家；如果你能持续在这个领域里钻研8年，你就能成为这个行业的领袖人物。世界500强企业德勤招聘总监在采访中说过："因为一个人的职场生命有限，应该把一定的时间专注在某个细分领域上。"

普通人每天工作8个小时，一周工作5天，照此推算下去，一年工作的时间为1920个小时，因此你要持续努力地在一个领域里学习5年才能成为天才或是在职场小有成就。有的同学可能很不赞同这一观点，按照这样说，只要我能找一份工作干到8年我就成功了，那为什么还有那么多在一个岗位上工作十几年甚至几十年都没有取得太大成就的人呢？不管是一万小时定律或是"3—5—8年法则"，这些时间点并不是定量而言的，也不仅仅是普通的学习和机械的重复。而是设定了清晰的目标，将难度设置在自己的能力边缘，在不断犯错的过程中总结反思并且提高的一种学习方式。

简单来讲，就是跳出你的舒适区，不断地开发你的潜力。就比如你的体能极限是一个小时能够跑10千米，那么你的舒适区则是一个小时跑5到8千米，如果你每次跑步一个小时都只是跑几千米，你就永远不可能达到一个小时跑20千米的水平。如果你在下次练习的时候准确计划本次跑步一个小时要跑12千米，并且在今后的锻炼中每次都要求自己一个小时跑12千米，逐渐你会发现你的极限从一小时10千米变成了一小时12千米，当你已经习惯了一个小时12千米水平的时候再加到一小时14千米。以此类推，那么你将会发现你的极限远远超出了你的想象。只有跳出舒适区，不断学习和练习才能够让你不断地进步，并且让自己越来越值钱。

如何才能在大学毕业的时候达到年薪10万元的目标其实很简单：如果你能够成为某一领域的专家那么你的年薪必定在10万元以上；如果你能成为全国范围内的专家，那么你的年薪应在30万元以上；如果你能成为这一领域的领袖人物，那么你的年薪超过50万元是很容易的。

从案例我们可以看得出来，成为专家、权威并不在于你的年龄大小，

而是在于你从什么时候开始钻研这一领域。如果说你在大学毕业 10 年之后才开始关注某一个领域，那么你需要在大学毕业 13 年之后才可能成为该领域的专家。换句话来讲，如果说你在大一的时候就开始专注某一领域，正常来讲，经过了三到四年在该领域的努力学习，那么你在大学毕业的时候已经成为了该领域的专家，那么你的年薪达到 10 万元还难吗？在大学三四年的时间我们最重要的事情就是将自己打造成一个领域的专家，如果你说不行，那说明你并没有给自己制订一个准确合理的战略目标和实施方案。

有的同学会讲："我没有上过专业课，没有经历过培训，都没有人教我怎么学习。"其实，这是给自己的失败找到了一个冠冕堂皇的借口。你能否利用校内外的学习资源？你能否自己去图书馆找专业的书籍学习？你能否自己去参加校外的课程培训？你能否去旁听学长学姐学习的专业课程？只要你想进步，想提升自己，没有人能够阻止你。所以，如果你并没有在大学毕业的时候达到专业水平，那说明你并不是一个合格的大学生，因为年薪 10 万元这一薪资水平是一个合格的大学生应有的待遇。

（3）30 岁现象

孔子仅仅一句"三十而立"就道出了 30 岁是人生重要的时间节点，每个人都会在到达 30 岁左右时就出现一个现象，你的生活压力会急剧增加，这些压力并不能逃避。也就是说，在 30 岁以前，你可以处于"一人吃饱，全家不饿"的状态，甚至达到视金钱为粪土的崇高境界。但是一旦过了 30 岁这个坎儿，如果你并没有一个较强的经济实力，随之而来的压力会让你的生活变得很痛苦，这也是为什么我们要在年轻时拼命努力奋斗获得高薪的原因。

这些压力源于三个方面：第一个是你的父母，当你到了 30 岁以后，随着父母年龄的增加，为了报答他们的养育之恩，我们所投入的时间、金钱、资源也越来越多，父母的医疗和赡养成本占你收入的比例也越来越大，所以这是你不得不获得高薪的原因之一。第二个压力来自于你的家庭，30岁的男女，一般来讲都已经成家了，结婚的成本之一就是有一个属于你们二人世界的温暖小窝，在一二线城市，一百万能买到一套两室一厅的房子已经很难了。并且中国经济在迅速发展，房价也在节节攀高。当你买了房子之后还需要买车、买车位、养车等的生活成本。你可以告诉我，你不想买房、买车，你的理念是浪迹天涯、四海为家。但你也得考虑你的另一半和家人的感受，你得让他们有幸福和安定的感觉。最后一个就是你的下一代，你可以大概算一下，父母培养你花了多少钱？大概几十万甚至更多，当我们培养下一代的时候将会有更多的开支。回想我们当年读完高中便花了几万块，毫不夸张地说可能到了我们下一代读完高中就要花几十万块。网上曾经盛传过的一句话："你现在不努力，当别人家的孩子喝着进口奶粉，而你的孩子只能喝三聚氰胺的毒奶粉。"为了孩子不努力都不行。

一旦你在 30 岁的时候没有获得高薪职业，可能你就只得迫于生活的压力不得不为了每个月多挣几百块而放弃现有的成就和未来的规划而去从事其他行业。我们曾做了一个调研，普遍 30 到 35 岁的人都会觉得很累，因为他们正处于事业的发展期，但是接踵而至的压力，如家庭开销、赡养父母、培养下一代、房贷车贷等，让他们终日疲于奔命。

在中国经济飞速发展的时代，物价上涨，通货膨胀的隐患值得关注。在我们小时候有一种说法叫作"万元户"，意思就是说家里要是有一万块就很有钱了，但是到了现在就算"百万富翁"都已经不是有钱人的代名词了。因为物价上涨速度很快，就算你的工资在增长，但是增长的速度远没有物价上涨的速度快。这代表着你的财富在不断缩水，如果你无法匹配 CPI（物价上涨指数）的增幅，那么你将永远是一个穷人。

3. 证书可以增加筹码，但不是砝码

当前，211项职业资格证已经被取消，其中包含职业经理人、金融理财师等听上去很热门的门类。这说明很多证书门槛低，容易合格，很多学生觉得有个证也不错，就纷纷报考，最后形成了"有证无能"的现象。

案例——证书与工作

"证霸"孙梦涛曾是河南某大学的一位传媒专业的学生，大学四年他共斩获各类证书达65个，这些证书摊开之后，足足占地5平方米，摞起来竟然也有1.3米高。

这些证书都是怎么得到的，孙梦涛坦言，为了这些证书，自己每天都很努力。在这些证书中，国家职业资格类证书6个、国家级荣誉证书5个、省级荣誉证书15个、市级荣誉证书8个、校级荣誉证书27个、4次奖学金，并且连续两年综合成绩全专业年级第一。看到这些证书，他很有成就感，因为他认为证书能证明他的能力。但事实果真如此吗？

毕业后他投了足足50余份简历，面试了很多，但没有一个offer。他惊讶了，自己获得了那么多的证书和荣誉，本科学历也符合很多企业的招聘要求，为何会这样？

后来一位HR告诉他："证书证明的是你曾经参加过这门考试并通过，但不代表你现在具备相关的能力，我们看中证书，但我们更看中你的个人能力。"

证书有其价值，但不应盲目考证。大学生想通过证书增加就业机会，范围不可太广，可以先规划好自己从事的行业方向，根据相关信息了解所需的资格证书，做到有的放矢。如果仅仅把考证当成个人成就，甚至看作求职的敲门砖，考取再多没有实际作用的证书，也只是浪费时间和精力而已。证书可以验证一个人在大学期间如何懂得学习和上进，但不能验证一个人比其他人综合能力更强，而社会看重的，恰恰是一个人的综合能力。

（1）从大学生的角度看考证

增强应聘时的竞争力。证书是一张名片，直观地体现该学生在校期间的学习能力和上进心，对于一些行业来说，"持证上岗"更是必不可少的条件，例如，一级建筑师、注册会计师、教师资格证等。据不完全统计，大学生可报考的证书种类多达上百种，分为通用型、能力型和职业资格型三类。

能为自己带来更多的职场价值。当今社会中，职场的竞争残忍，职业资格证书是包括职业发展需要和晋升的前提条件。证书就像敲门砖，是畅行无阻在职场遨游的钥匙，也是与员工的薪资息息相关的价值体现。

（2）从社会的角度看考证

增加筛选简历的效率。有些企业招聘人员会通过设立一些证书要求作为"门槛"来筛选简历，节省时间和精力。

证书对用人单位来说只是一个参考条件，不是必备条件。大学生应认识到能力与证书的区别，理性对待考证。不管是考校内证还是校外证，都要与自己未来的发展规划、个人兴趣爱好、性格特点、专业特长结合起来，有选择地考证，不要随波逐流，证多了未必是好事。

证书重要但能力更重要。很多单位招人时，当然也会看应聘者的一些证书，但更重要的是专业能力和所获得的奖项，证书多不代表素质就高，综合评估是社会普遍衡量人才的要求和标准。

（3）大学生求职最有用的9种证书

证书只在招聘时起一定作用，能力和知识才是决定一个人发展方向的重要方面。很多大学生认为考证可以增加就业砝码，这本身已存在误区，如果这些证书对于自己以后所从事的职业没有帮助，那它就是毫无意义的。500强企业最看重的，大学生求职时可以作为敲门砖的证书有：

①毕业证、学位证

虽说企业更看重能力，而不是学历，但名牌大学、名校热门专业，就是一块极具分量的敲门砖。

②英语证书

大学英语四、六级证书（CET—4，CET—6）极其重要；大学英语四、六级口语证书。证书不重要，能力重要，面试的表达更重要。（四、六级证书最重要，一定要有！）

专业八级：只有英语专业才有资格考，但很多职位要求，如翻译或者外籍主管的助理。

英语中高级口译：含金量很高。

托福（TOFEL）：只有少数企业会问到是否考过托福，除了证明英语能力外，也会考虑你在工作不久就出国的可能性。

雅思（IELTS）：少数英联邦国家企业会注意到你是否考过雅思，但不是必要条件。

剑桥商务英语（BEC）：证书说明了你的英语能力，还有你在大学里勤奋好学，这是大学生基本的素质，也是企业格外关注的。

③计算机等级证书

现在不懂计算机，可以算是半个文盲了！重要性不言而喻。计算机专业的同学更不用说，必须追求高等级通过。

Office操作是基本的必备技能，不需要证书的，是必须要会的。

计算机二级证书：有些大城市申请户口时用，必要条件，如上海市。

此外还有三级、四级、ACCP、MCSA 和 CCNA 等，以及名目繁多的专项技能计算机证书，则与未来具体的工作选择相关，不是每个企业都会看重。

④社会实践证明

拥有社会实践证明，就是"有工作经验"的毕业生了，就会在很多没有工作经验的大学生当中脱颖而出。再者，很多公司会直接留下他们的实习生，而且留下的比例很高，甚至超过 50%。毕竟你和公司之间已经相互了解了。

⑤财务会计类证书

注册金融分析师（CFA）：需要相关方面 3 年以上的工作经验，考证难度很高，费用也高，当然含金量也高。

特许公认会计师（ACCA）：ACCA 被称为"会计师界的金饭碗"。

⑥专业资格证书

这个跟自己的专业与未来想从事的行业关系很大，同学们可以根据自己的实际情况来对待。

律师资格证书：想当律师的学生；

CAD 工程师认证证书：机械、室内装饰、建筑行业；

导游资格证书：国家有规定，导游人员持证上岗；

报关员证书：有证书才有资格上岗；

人力资源从业资格证书；

国家司法考试证书；

驾驶证：不是当司机才需要，似乎成了工作与生活中必备的证了。

⑦学校荣誉证书

奖学金证书非常重要，给 HR（人力资源主管）的第一印象就会很好。奖学金证书被很多企业作为筛选简历的必备条件，甚至没有奖学金证书，就没有面试机会。

学生干部经历非常重要，如果再有一个"优秀学生干部"的证书，就

更能起到证明作用了。

优秀毕业生等,在申请户口的时候可以加分(上海),非常重要。

党员,算不上证书,但是入党了的话,在申请公务员、到中学当教师的时候,有很大作用。

⑧发表论文、专利证书

对于研究生来说,做过相关项目,撰写过有质量的相关论文,而且被EI/SCI收录,这些发表论文的证明,在找与专业相关工作的时候,会有相当大的帮助。

另外,本科生或研究生在申请出国的时候,如果发表过高质量的论文,就更容易获得国外教授的青睐。

专利证书,不仅说明你是个有创新思维、有智慧的大学生,而且在申请户口中会起到加分作用。当然企业对专利证书也相当看重。

⑨大型竞赛获奖证书

竞赛证书说明你在该领域、该专业有过人的能力,企业会不要你吗?

4. 致HR的一封情书:简历,求职的敲门砖

简历,是让HR认识自己的一个窗口,是求职过程中的敲门砖,是求职者的个人广告。

500强企业的HR最看重的,内容充实而又富有个性的简历,将会在众多平庸而雷同的简历中脱颖而出,更早地吸引人事经理的眼球。尽管简历对应聘者很重要,但很多应届毕业生对简历并不重视。要么敷衍了事,要么轻率地抄袭他人的简历内容。所以从内容上看,应届毕业生的经历、

思想意识都是大同小异的，而在实际接触面试时，能力、素质和个性又是那么不同。

(1) 简历包括的内容

其实简历在实际求职中非常重要，而简历里应该写什么？应该是有的放矢，投其所好，引起用人单位的注意。当然简历也不是一个人活动的简单罗列，简历的内容虽不用太复杂，但也不是一个信息登记表。简历里面基本可以分为两个部分：个人信息和单位所需要了解的信息。

大学生简历第一步：个人信息填写

姓名：必须填写的一项。用人单位要知道你是张三还是李四，否则通知你面试的时候，总不能一开口就说："那谁，明天几点到这儿面试！"对于一个简历上名字都不写的人，HR 肯定会直接 pass 的，因为你对自己都不负责，怎么会指望你对企业负责。

性别：最好要写进简历里。在招聘过程中遇到过不写性别的简历，也许是同学忘了写，或者是女孩子觉得担心用人单位有性别歧视，因为企业某些岗位的确有性别要求，为了避免浪费自己的时间和精力，还是建议将性别标注清楚。

年龄：一般来讲，应届毕业大学生的年龄都普遍在 20 岁出头，一般用人单位都不会因为年龄的因素而去删选简历，所以这一栏无关紧要，可以根据你的简历排版去安排。

学历、学位、专业：一定要标明，并且放在醒目的地方，这是用人单位关注的重点词。

政治面貌：如果你在大学已经成了党员，那么你可以将这一项加上去，因为这是你的优势所在，对于某些事业单位来讲，政治面貌也是很重要的一项评判标准。如果你没有入党，而你应聘的企业对这一方面也没有严格的要求，那么你可以不用写入简历里面。

身高体重：这个就因人而异，和政治面貌这一栏一样，根据你所应聘

企业的要求，比如你是去应聘一个平面模特的岗位，那么身高、体重、三围等都是简历里必须重点突出的一项，如果应聘的单位并没有特殊的身高、体重方面的要求，那么根据简历排版来决定这一栏是否有必要。

健康状况：除非应聘公司的特殊要求，在签订正式合同之前，很多用人单位都会组织员工进行一些常规性的体检，所以这一点你可以不用写。

简历第二步：企业需求信息

求职意向：你的求职意向应该非常明确。在求职的过程当中，经常出现求职者对自己的求职意向不明确，这是一个非常致命的问题。在填写求职意向之前，一定需要考虑清楚自己所要从事的行业和工作岗位，并在简历中明确表示出来。术业有专攻，不要让用人企业认为你是个什么都沾点儿边，但是什么都不精通的人。你在填写求职意向的时候，也应当根据企业的不同标准进行调整。总而言之，就是在求职意向之前，自己必须先有一个明确的目标。

在个人简历上填写求职意向的时候，一定要简单明了，不要使用太多模糊的字眼儿，这样反而会误导 HR。如果 HR 不能明白你的求职意向究竟是什么，那么基本上，你也不会有面试的机会，书写求职意向的时候应当把自己期望进入的行业以及工作岗位写清楚，用人单位在查看的时候也能够更加直观，确保自己对于职业的期望能够准确地传递给用人单位。

教育背景：这一部分写着应聘者正式的教育经历，当然也可包含其他充电培训的经历。这一部分应该包含学校的名称、就读时间、专业、学历、成绩等，此处最好不要放置在校期间的活动经历。

实践经历：一般来说，应届毕业生工作经历较少，所以在编写简历的过程中，我们不是很强调这一点。至于社会实践，你可以把你在校期间的实习或其他经历写上，如在学生会任某部长，做过哪些事，取得过哪些成绩，不要只说个大概，比如我担任系学生会生活部长，组织过系辩论赛。这样写就太单调，并且没有吸引力，正确的做法是应该把在辩论赛中做了哪些工作、发挥了什么作用，而且最重要的是要写出因为这段经历让你学会了什么，因为HR不在乎你做的事情或多或少，而在乎你的成长和进步以及你是否值得培养。切记一点，这部分简历不能随便乱编，你以为你编的天衣无缝，但是HR往往几句话就能让你原形毕露。

另外，工作经历或社会实践要挑重点的写，不要胡子眉毛一起抓，一些没有意义或者对你的成长并没有起到重大帮助的事情就不用写进去，你觉得重要的要写在前面，要做到主次分明。

课程：毕业生往往只是在罗列自己学过的课程，没什么条理性，HR看起来也比较乱、比较烦，往往对毕业生学过的课程没什么系统的认识。建议毕业生最好把自己的课程分类。比如管理系的学生，在写自己的课程时可以分为管理类、营销类、财会类、金融类、经济类等，这样招聘人员在看你的课程时就会一目了然了，更有针对性。毕业生列课程时，要挑出与应聘职位相关的课程，不要学过的课都给写上。我见过一份简历，连自己军训都写上了，这对你应聘的职位没什么帮助，你又不是去应聘保安。

计算机、外语水平：现在说来，计算机等级证书和外语等级证书的含金量越来越低，计算机二级、英语四六级也成了各大高校毕业的硬性要求，普通的证书并不能成为能力的代名词。在中国应试教育环境下，考证已经成了大学生的基本能力。

奖励/证书/科研成果：并不是所有获得奖项都要写上，简历里一定要突出你的亮点，因此这一栏里一定要写含金量较高的奖励，并且标注清楚，让HR知道这个奖项的珍贵程度，如国家奖学金（奖励全校3%的学生），优秀学生干部（奖励全校前1%的学生干部）等。这样能让HR知道你有多优秀。证书，比如你去应聘一个会计的岗位，那么注册会计师，这样的证书能让你在所有面试者中脱颖而出，而你去应聘一个销售的工作，一个注册会计师的证书并不能为你加分，所以这类的技能证书，要根据你应聘的岗位有针对性地填写，一股脑地填进简历并没有意义。

特长/爱好：很多毕业生在这里会罗列很多词语，比如，性格开朗、待人热情、工作细心、办事高效、能吃苦耐劳、有较强的组织能力等，这样

的词语并没有什么亮点。要想吸引 HR 的眼球，你可以写几个词，并在后面举个简单的例子证明一下，比如，组织能力强，你可以在后面举一个案例，独立组织了某某活动，在系里反响很好，受到了学校表扬等。又比如说你的写作水平好，就可以说自己非常擅长写应用文、各种报告等，这样比你只是空洞地说写作水平好会更具真实性。另外，与职位无关的特长、爱好你不要写，你说你喜欢足球，公司并不是要一个足球运动员，再比如你说自己爱唱歌，公司也不是招歌唱家或开办 KTV，这些特长、爱好都是需要你以后在工作中找机会展示的。

简历顾名思义，需要简单突出重点，所以一到两页就够了，无关紧要的东西不要附加，格式要有创新，不要让 HR 觉得是在填表格。你最想传递的信息一定要加粗重点突出一下，让 HR 一眼就能看到。注意简历中不要有明显的字词句错误，用事实说话，少写空洞的词语和大话。

（2）网申投递及其制作

很多同学普遍不重视网申，即使是参加了网申，莫名其妙被淘汰后也不重视，将失败归咎于运气不好，而不去反思找原因。即使是名校毕业生，轻视网申一样会被残忍地刷掉。网申说的是求职者通过企业指定的招聘网站或者是官方网站来进行简历的投递，企业通过特定的问题和标准来进行简历的筛选。

网申系统的作用：网申系统的存在就是为了节省人力资源，将不符合招聘条件的求职者直接通过电脑筛选掉；而另一个目的就是通过这样的信息收集，成立新的人才数据库，便于企业招聘到合适的人才。

网申筛选人才的主要方面：例如，学历、年级、英语水平、实习经验、证书等。

网申中的关键词如下：

学校：重点大学，即 985、211，以部分超大公司、咨询投行以及全国四大国有银行为主。

专业：对于明确说明的最好对口，其他如 MT（管理培训生）；四大；咨询；投行及部分知名外企基本无专业严格要求。基本经管类、理工科类相对选择范围较广。

英语：硬性指标必定要求四六级，新四六级则必须超过 425 分。CET 为 500 分以上才可保底。若有托福等国外考试高分成绩则可加分，能体现出口语能力则是非常抢眼的。

实习经历：公司要大而且有名，即 500 强或非常有名的或与职位相关的行业优秀公司，基本以外企为主，待的时间最好长点儿，理想的至少是半年，可以显示自己的稳定性，能够真正了解并学习到公司的一些工作流程及行业信息。

学生工作：需要做到部长及以上，并有实质工作业绩。

奖学金/成绩：奖学金最好至少有一个作为关键字，成绩尽量挤进前 30%。

国际交流经验：可遇不可求，不作具体探讨。基本这是各学院的稀缺性资源，要想获得最好要成绩不错、外语能力出色，并与学院相关负责人保持良好关系。

年级、性别：部分岗位会对此进行评分，涉及性别歧视不多展开；而年龄的影响主要是因为学习和接受能力，所以年纪大的员工再就业会很难，甚至部分高龄的硕士、博士也会因年龄被刷。

家庭背景：部分企业会有要求，一方面是查看是否有黑历史；而另一方面，银行金融等企业会对家庭背景优渥的求职者有加分。

以上为几大关键字，若能全部达到，基本可以保证各类网申坐等笔试或面试通知。

大学生毕业了纷纷出来找工作，但是由于刚走进社会，没有相关经验，经常在面试中碰壁，久而久之就让很多大学毕业生对找工作失去信心，还会产生消极的态度，自暴自弃。通过前面的介绍，希望大学生能为找到合适的工作踏出坚实的第一步！

5. 面试的分类

面试是通过书面或面谈的形式来考察一个人的工作能力与否,物以类聚,通过面试可以初步判断应聘者是否可以融入自己的团队。这是一种经过组织者精心策划的招聘活动。在特定场景下,以面试官对考生的面对面交谈与观察为主要手段,由表及里测评考生的知识、能力、经验等有关素质的考试活动。

不管是500强企业,还是其他企业,面试是公司挑选员工的一种重要方法。

面试给公司和应聘者提供了进行双向交流的机会,能使公司和应聘者之间相互了解,从而双方都可更准确地做出聘用与否、受聘与否的决定。

下面我们先谈一谈面试的分类。

(1) 结构化面试、半结构化面试和自由化面试

依据面试实施的规范化程度,分为结构化面试、半结构化面试和自由化面试。

结构化面试:根据特定职位的特殊要求,遵循一定的程序,采用专业的题目、评价标准和评价方法,通过面试小组与求职者面对面的交流等方式,评价求职者是否符合所要招聘的岗位要求。结构化面试有面试的内容、形式、程序、评分标准及结果的合成与分析等构成要素。遇到结构化面试时,首先要给面试官留下良好的第一印象,除了外貌长相、体态、气质、衣着细节等属于外表范围,而声音包括音调、语气、语速、节奏,这些因素都将影响应聘者留给面试官的第一印象。除了精彩的答题表现外,良好的仪容仪表和言语举止,在结构性面试中也占有一定的比例。所以在面试前应该多花点时间和精力精心打扮一下自己，以最好的形象去见面试官。然后，因为结构化面试对知识结构要求全面化，在面试前作好相关知识储备尤为重要，要提高自身的综合能力，在日常生活工作中开拓自己的眼界，了解结构化面试的题型，这样在面试过程中才不会因为某个偏门问题而措手不及，降低自己的总体成绩。再次，为了做到在面试过程中不紧张、遇到问题不手忙脚乱，我们需要在备考的时候不断地进行彩排，预想自己在面试中可能出现的问题，做好心理准备同样是为面试的成功助力。最后，掌握说话技巧，说话得体也至关重要。应该恰当使用称呼，说明问题时要解释恰当。答题时也要具有逻辑性，语言要做到简洁、精练、流利和清晰。为了加强语言的说服力，可以适当举例来使自己的论据更为充分，让面试官赞同。切勿使用禁忌语，不可随意使用平时说话的口头语，或某些敏感词汇。

我们把结构化面试的问题分为以下四类，大家可以针对自己较薄弱的部分着重准备。

对求职者自我认知的考察：

自我认知是指企业测查求职者对自身能力、性格、品质、强项、短板等个人要素是否有比较准确、清楚和完整的认知，用以了解求职者与企业及职位的匹配程度。只有当求职者的自我认知能力符合企业的要求时，个体才能融入企业文化，明确自身角色及定位，胜任该职位并踏实、稳定地从事该工作，所以这是目前企业招聘面试的必考题型。

案例——谈谈你的优势

王同学就读于某大学新闻传播学院，她应聘的是某知名传媒集团下属杂志生活类编辑。

面试官："你觉得和其他应聘者相比，你的优势是什么？"

王同学："我认为我的优势有两点：第一，我对读者和市场的需求很

敏锐。我认为杂志也是为读者提供一种服务，满足他们的需求，我们所刊登的应该是读者想看的。如果撇开读者和市场的需求，那读者就不会愿意买我们的杂志，我们的工作是没有意义的。第二，我有突出的沟通能力。针对不同的人采取不同的沟通方法，以达成有效的沟通。无论是上司、下属还是客户，我都能站在他人的角度上为他人着想。"

对应届生求职动机的考察：

求职动机是指在一定刺激下，直接推动个体进行求职活动以达到求职目的的内部心理活动。当求职岗位与求职者目的相近或一致时，求职者胜任该职位并稳定地从事该工作的可能性较大。

对应届生计划协调的考察：

计划组织协调能力是企业对求职者较为看重的基本职业能力。尤其是文职管理类和市场营销类的职位，在招聘面试过程中，对该项能力非常看重。它往往决定了求职者在相应职位上的工作胜任力和发展潜力方面的强弱。

案例——如果让你组织一次会议，你会怎么做？

严同学就读于某师范大学，他的目标是某国企的行政秘书职位。

面试官："如果让你组织一次会议，你会怎么做？"

严同学："首先，我会做出会议组织的工作计划。就会议的时间、形式、参会人、会场安排、所需资金、文档资料等方面要素完成一个会议组织计划，并提交主管审核通过。

"其次，依据工作计划进行相关准备，协调相关会务人员，并就会务工作的分工与实施进行布置和安排，其中的重点是：向相关部门申请经费，配置会议所需硬件物品，参会人员的通知到位，会场布置安排到位等。

"再者，按照既定计划实施会议的组织，确保会议圆满完成。

"会后，我将以最快的速度完成会议纪要，呈交主管并加以汇报。"

对应届毕业生人际交往能力的考察：人际关系主要考察求职者能否比较得当地处理与平级同事之间以及直接主管领导之间的关系。这方面的问题需要求职者拥有足够的生活常识和人际交往经历，无论是什么样的问题，只要求职者在处理人际关系方面，有一个比较主动、积极、阳光的心态与思维方式就是合格的。这个问题主要看求职者是否能较快适应新环境，进入工作状态，这样的人就职状态也会较为稳定。

半结构化面试：指面试构成要素中有的内容作统一的要求，剩下的部分不作统一的规定，也就是在结构化面试的基础上，面试中主面试官向应聘者现场提出一些问题。半结构化面试是介于非结构化面试和结构化面试之间的一种形式。

非结构化面试：指没有标准答案的面试提问。非结构化面试具有开放性，可考察应聘者的思路和视野。例如，"请您谈一下你在营销管理工作方面的心得。"

（2）单独面试和集体面试

根据面试对象的多少，面试可分为单独面试和集体面试。

单独面试：指面试官与求职者单独面谈。这是最普遍最基本的一种面试方式。单独面试的优点是能提供一个面对面的机会，让面试双方有较深入的交流。单独面试又有两种类型：一是只有一个面试官负责整个面试过程，这种面试大多在较小规模的单位录用较低职位人员时采用；二是由多位面试官参加整个面试过程，但每次均只与一位求职者交谈，公务员面试大多属于这种形式。

集体面试：又叫小组面试，指多位求职者同时面对面试官的情况。在集体面试中，通常要求职者做小组讨论，相互协作解决某一问题，或者让

求职者轮流担任领导主持会议、发表演说等。这种面试方法主要用于考察求职者的人际沟通能力、洞察与把握环境的能力、领导能力等。

无领导小组讨论是最常见的一种集体面试法。在不指定召集人,面试官也不直接参与的情况下,求职者自由讨论面试官给定的讨论题目,这一题目一般取自于拟任工作岗位的专业需要,或是现实生活中的热点问题,具有很强的岗位特殊性、情景逼真性和典型性。讨论中,众面试官坐于离求职者一定距离的地方,不参加提问或讨论,通过观察、倾听为应试者进行评分。

案例——无领导小组讨论

假设你是蛋糕店的业务员,现在蛋糕店派你去偏远地区销毁一卡车的过期蛋糕(不会致命的,无损于身体健康)。在行进的途中,刚好遇到一群饥饿的难民堵住了去路,因为他们坚信你所坐的卡车里有能吃的东西。

这时报道难民动向的记者也刚好赶来。对于难民来说,他们肯定要解决饥饿问题;对于记者来说,他是要报道事实的;对于你这个业务员来说,你是要销毁面包的。

现在要求你既要解决难民的饥饿问题,让他们吃这些过期的蛋糕(不会致命的,无损于身体健康),以便销毁这些蛋糕,又要不让记者报到过期的蛋糕这一事实?请问你将如何处理?

说明:

第一,面包不会致命。第二,不能贿赂记者。第三,不能损害公司形象。你会怎么做?

在无领导小组当中,第一,也是最重要的一点,就是态度问题,不能将同组的小伙伴看作是竞争者,而是要接纳他们成为自己在这次讨论中的伙伴。因为在无领导小组讨论中,面试官想看到的是应聘者的团队合作精神，而单纯的竞争关系会破坏整个团队在有限时间内的合作，整个无领导小组最大的忌讳就是最后没有得出一个统一的结论。放开自己的心，才能更好地展示自己。第二，要准确找到自己在小组中的定位。一般来说，无领导小组讨论面试中大致分为领导者、时间管理者、总结者和观点提供者几种分工。领导者需要做到思想深刻，观点独到，带领全组思考，适合之前有过组织领导经历的人担任；时间管理者要做到合理安排和把控在讨论过程中的各个阶段需要的时间，这个分工适合拥有较强时间概念和果断有原则的人担任；总结者需要在小组讨论过程中总结其他人的观点并且最后代表全组向面试官报告整个组的观点，类似于Presentation，需要反应快、有较高总结能力的人担任；观点提供者是整个讨论中的基础，提出有建树的观点是他们的职责，必要时也要和其他人一起进行观点融合讨论，这是无领导小组讨论的核心，需要他们大胆的想象和勇于提出自己的建议。

有些同学在听到面试环节存在无领导小组讨论会大喊头疼，其实在实际了解了整个流程和具体分工后一切都会变得清晰明了，只要在面试前保持一个良好的心态，将自然真实的自己展现出来就可以了。

（3）一次性面试和分阶段面试

根据面试的进程来分，可以将面试分为一次性面试和分阶段面试。

一次性面试：指用人单位对应试者的面试集中于一次进行。在一次性面试中，面试官的阵容一般都比较"强大"，通常由用人单位人事部门负责人、业务部门负责人及人事测评专家组成。在一次性面试情况下，应试者是否能面试过关，甚至是否被最终录用，就取决于这一次的面试表现。面对这类面试，应试者必须集中所长，认真准备，全力以赴。

分阶段面试：又可分为两种类型，一种叫"依序面试"，一种叫"逐步面试"。

依序面试一般分为初试、复试与综合评定三步。初试的目的在于从众多应试者中筛选出较好的人选。初试一般由用人单位的人事部门主持，主

要考察应试者的仪表风度、工作态度、上进心、进取精神等,将明显不合格者予以淘汰。初试合格者则进入复试,复试一般由用人部门主管主持,以考察应试者的专业知识和业务技能为主,衡量应试者对拟任工作岗位是否合适。复试结束后再由人事部门会同用人部门综合评定每位应试者的成绩,确定最终合格人选。

逐步面试,一般是由用人单位的主管领导、处(科)长以及一般工作人员组成面试小组,按照小组成员的层次,由低到高的顺序,依次对应试者进行面试。面试的内容依层次各有侧重,低层次一般以考察专业及业务知识为主,中层次以考察能力为主,高层次则实施全面考察与最终把关。实行逐层淘汰筛选,越来越严。应试者要对各层面试的要求做到心中有数,力争每个层次均留下好印象。在低层次面试时,不可轻视大意,不可骄傲马虎,在面对高层次面试时,也不必胆怯拘谨。

(4) 常规面试、情景面试和综合性面试

根据面试内容设计的重点不同,可将面试分为常规面试、情景面试和综合性面试等三类面试。

常规面试:就是我们日常见到的、主面试官和应试者面对面以问答形式为主的面试。在这种面试条件下,主面试官处于积极主动的位置,应试者一般是被动应答的姿态。主面试官提出问题,应试者根据主面试官的提问作出回答,展示自己的知识、能力和经验。主面试官根据应试者对问题的回答以及应试者的仪表仪态、身体语言、在面试过程中的情绪反应等对应试者的综合素质状况做出评价。

情景面试:突破了常规面试官和应试者那种一问一答的模式,引入了无领导小组讨论、公文处理、角色扮演、演讲、答辩、案例分析等人员甄选中的情景模拟方法。情景面试是面试形式发展的新趋势。在这种面试形式下,面试的具体方法灵活多样,面试的模拟性、逼真性强,应试者的才华能得到更充分、更全面的展现,主面试官对应试者的素质也能做出更全面、更深入、更准确的评价。

综合性面试：兼有前两种面试的特点，而且是结构化的，内容主要集中在与工作职位相关的知识技能和其他素质上。

面试的种类很多，求职者在实际面试过程中会遇到各个种类，甚至稀奇古怪的问题，这个时候很多人都会感到困惑，但其实这些面试题都没有准确的答案，面试官只想测试面试人解决问题时是否能形成清晰的思路，或者说是否能展现一个清晰的思考过程。前哈佛大学校长里拉·萨默斯曾经在2006年12月访问中国，在接受中央电视台采访的时候，记者问到："您认为一个优秀的哈佛大学生需要具备的重要素质是什么？"萨默斯先生说："正直诚信的品格是我们对学生最基本的要求。除此之外，我想最重要的是思路清楚，分析问题的时候有着非常清晰的思考过程。"一个思路清晰的人总是能在面试中给面试官眼前一亮的感觉，这就要求求职者在平时生活中多多锻炼自己解决问题的能力和逻辑思维能力，这些能力不光在面试中起到重要作用，甚至会终身受益。

6. 告别职场"滞销"，面试中的说话之道

对求职单位如果不了解，就把握不住择业的重心，择业的重心应该视公司的规模而定。简而言之，大型企业选文化，中型企业选行业，小型企业选老板。

大型企业，特别是500强企业，要了解其文化。一般大型企业都是强文化，新加入的成员，只有认可并融入其中。从企业自身来说，他们在招聘时，也倾向于那些能够迅速理解和适应文化的人。IBM新员工培训时，流行一句话，"如果自己的性格与公司的文化格格不入，是难以接受的"。

中型企业，首选行业。行业与企业的生存空间有很大的关系，行业的特性决定了未来的发展趋势和上升空间。

小型企业，就要选老板。老板是企业的灵魂，老板即企业。所以，一个老板的观念、眼光、能力等对公司的生存和发展都起着决定性的作用。

对职场不了解，就会导致求职失败，或者选错行业。总体来说，现在职场需要两类人才。第一，复合型人才。如英语+管理，IT+法律等，这种人才市场的需求趋势，是我们在进行职业生涯设计时，都需要认真考虑的。第二，能力型人才。要有实际的工作经验，社会对于这类人才特别欢迎。真正需要的人才，是能够把大学里学到的理论知识游刃有余地应用到企业当中去，并获得成功。所以，我们在学习上要两手抓。一手抓"理论"学习，一手抓"实践"经验。

人才是创建事业最珍贵的资源，是发展事业的核心。虽然争夺人才在职场上不断上演，却也有几类人"滞销"。

第一类是不善于学习的人。随着知识更新越来越快，人与人之间的较量变成了知识的较量、学习能力的较量。学习能力弱的人，竞争力肯定就差。第二类是情商低的人。人们常说，做事先做人，特别是一个人的人际交往能力、语言沟通能力、团队合作能力。在这个国际经济的大潮里，个人单打独斗已经难以成功，只有"抱成团"才能够成功。第三类是心理脆弱的人。现代社会生活压力变大，神经紧张和心理脆弱成了"都市病"。许多人自我封闭，害怕社交，遇到困难和挫折就无法承受，无法冷静处理突发事件。这些人难以在社会上生存。第四类是没有职业规划的人。将来有规划的人，未必一定成功，而没有规划的人，一定难以成功。因为没有规划的人，在每次求职时，对自己的目标都不清晰。第五类是反映迟钝的人。如果反应迟钝，墨守成规，在这个日新月异的快节奏的社会里，最终将被淘汰。

要想远离职场"滞销"，500强企业HR告诉你：需要学会以下四种能力。

第一,求知能力,也就是学习能力。求知能力是认识世界和改造世界的工具,是人与人之间最大的差距。大学生要学会最迅速有效地获取知识、处理知识和运用知识的能力。学以致用,否则学的再多,也是白学。知识只有转变成生产力时,才会有能量。学习型人才要掌握广博与专精结合,由博转精的方法。

第二,做事能力,学会做对的事和把事情做对。做对的事,是一种判断能力,是一种眼光,眼光很大程度上决定了他比别人成功。把事情做对,是一种战术能力,主要解决该怎么做的问题。

第三,发展能力,也就是学会生存和做人的能力。适者生存,适应了环境,才能生存。在生存后再求发展。充分发挥自身的潜能,主动地改善环境,以求发展能力。

第四,共处的能力,学会与人处事。其包括如何处理人际关系,团队合作,以及竞争关系等。

(1)解决面试难题,不仅会说还要会怎么说

面试,并没有必胜之计。然而,如果你知道对方会问什么问题,胜算就比较大了。尤其是面试中的经典问题。无论你是刚刚走出大学校门英姿飒爽、青春无限的大学生,还是历经考验的职场老手,一般情况下,面试官都会常问几个问题:

第一个问题,你为什么来公司面试?

一位清华大学生物系的女生,在面对主面试官唐骏(微软全球技术中心总经理)时说:"我和你同病相怜,被迫选了自己不喜欢的专业,但是不喜欢不代表我不去认真学习,只要还待在生物系,我就要对自己负责,认真对待每一天,我的成绩都是全优。毕业时,我没有去制药公司,而是把简历投给了微软。"

一个自己不喜欢的专业,都能学得全优,说明"她"是一个很有使命感的人。

第二个问题,请客观评价一下自己?

联合利华应聘现场,一位毕业生在回答"你在大学时最失败的一件事时",其这样说:"我感觉最失意的事是英语六级没有考好。我失败的原因,是因为我是一个完美主义者,考试中,我想把各个部分都做好,但是从整体上没有把握好这次考试。"

此事虽小,但是以小见大,这是主面试官所期望的。另外描述也很有条理,语言表达得很有分寸感,整个理念容易被人接受。

第三个问题,如果你的上司很刁蛮,你该怎么办?

在强生公司的面试现场,一位面试者回答这个问题时,说:"一般我们感觉比较刁蛮的上司没有真正坏心,他只是对工作认真要求而已,往往不会针对个人而不满。我认为上司这么做是好事,因为我们在工作中,很少有人愿意冒着得罪人的危险为你指出工作中的不足。所以,这样的上司可以勉励自己努力工作,想想如果让这位上司满意了,工作就一定做得完美了。"

第四个问题,你为何辞职?

第五个问题,你的职业规划?

第六个问题,你的薪资如何与对方谈?你怎么回答呢?这里面是有很多技巧的。

这类问题似乎是老生常谈,但是,面试中,有的人成功了,有的人却失败了。失败的原因,不仅仅是你的专业技能掌握得不好,也有可能在你回答问题时,有些问题,导致你失败了。

在第一个问题中,主面试官的意图是想知道你对公司的了解情况,你对岗位是否感兴趣,你对这次面试的诚意。在第二个问题中,主面试官的意图是想知道你怎么认识自我,你是否对事情有深入思考的能力。在第三个问题中,主面试官的意图是想了解你与人共事的观念和方法,你的性格是否成熟。而不是告诉你将大难临头,将会面对一个"刁蛮"的上司。在第四个问题中,主面试官的意图是考察你分析问题的能力,琢磨你"跳槽"

行为的合理性。在第五个问题中，主面试官的意图是考察你职业设计的能力，了解你的进取心和自信能力，可以看出你做事情是否有目标和原则。在第六个问题中，主面试官的意图是了解你的自我定位、最低期望值，从而为最后的录用决策做参考。

对于第一个问题，应该这样回答：①清晰地描述出公司具体吸引你的地方，切忌笼统、抽象。②实事求是说出你所能为公司做出的贡献，切忌开空头支票。③诚恳表示你对岗位的喜欢和兴趣，切忌无热情。

对于第二个问题，应该这样回答：①既要实事求是，又要讲究语言表达的技巧。②讲自己好的一方面时，要暗示可以给公司带来利益。③讲自己的缺点时，不要模棱两可，不要期望别人把你的缺点看成优点。因为缺点就是缺点，这样做只会引起面试官的反感。

对于第三个问题，应该这样回答：①切忌不着边际的空谈，可以举例说明一下。②要诚实，把自己真实的想法用恰当的语言表达出来。

对于第四个问题，应该这样回答：①必须审慎地自我分析。②切忌表达对原上司的不满，切忌只是为了增加工资，切忌说"我认识贵公司的某某，是他动员我来的"。③合理的切入口是，专业对口、工作合适、企业文化认同等。

对于第五个问题，应该这样回答：①实现对公司的发展有较具体的了解。切忌答复与公司的目标不一致。②梳理自己的发展方向，是技术型的，还是管理型的。③要根据能力定出可行性目标，切忌好高骛远。

对于第六个问题，应该这样回答：①除非主面试官已经明确表明态度录用你，否则，不要讨论薪资。②切忌盲目提出希望得到的薪资数目，尽量从言谈中，了解薪资是固定的，还是可以协商的。③了解一下行业的薪酬和待遇，如果你要价，给出一个薪酬幅度。不要反问你们打算给多少，这样很不礼貌，容易引起主面试官的不悦。

说话之道，在于明义、在自然、在止于精练。有很多求职者在面试后总是会有这样的一种困惑，在面试前什么都知道，然而当面试官把问题一

提出来就蒙了，这脑子里想出来的东西到底要怎么表达出来？在面试当中究竟应该怎么说话呢？是必须要高谈阔论阳春白雪，还是也可以简简单单通俗易懂？其实很多人在面试时最担忧的一个问题就是自己的回答是否太短，其实仔细想想，面试官一天之中会在一个房间里听不同的求职者回答着相同的问题，这个时候一个冗杂的回答还是简洁有力的回答更得人心呢？那么在面试回答时有哪些是值得注意的呢？

首先是要注意运用逻辑词。使用好逻辑词可以让自己的回答在外在形式上看起来非常规范，在选择逻辑词时也需要注意，不要一直用"然后""同时"这类看起来非常逻辑，实际听多了会忽略的词，而应该使用如"第一，第二，第三……""一方面，另一方面"这类词。也不用每句话之前都用逻辑词，那样反而会适得其反。其次是要记住使用短句。人们在日常对话和阅读书籍时的理解能力是不同的，一味地运用长难句子是非常不利于人理解的，还会让面试官产生这个人爱卖弄的印象。最后，也是最重要的，一定要注意不能出现敏感词汇、口头禅之类轻佻的词，因为这非常不适用于面试的严肃气氛。

下面是一些真实的面试问题，看看你的回答合格吗？

第一，问："你还有什么问题要问吗？"

回答提示：面试官这个问题看上去可有可无，其实很关键，面试官不喜欢说"没问题"的人，因为这个问题可以表现出求职者的个性和创新能力。当然也不喜欢听到个人福利之类的问题，如果这个时候问：贵公司对新入公司的员工有没有培训项目，我可以参加吗？或者说贵公司的晋升机制是什么样的？听到这类问题，面试官将很欢迎，因为体现出求职者对学习的热情和对公司的忠诚度以及上进心。

第二，问："与上级意见不一致时，你会怎么办？"

回答提示：一般可以这样回答，我会给上级以必要的解释和提醒，在这种情况下，我会服从上级的意见。这是这个问题的标准答案。如果面试的是总经理，而求职者应聘的职位有另一位经理，且这位经理当时不在场，可以这样回答"对于非原则性问题，我会服从上级的意见，对于涉及公司利益的重大问题，我希望能向更高层领导反应"。但这个回答有一定的风险，在没有摸清该公司的内部情况前，便想打小报告，这样的人不受欢迎。

第三，问："谈谈你对加班的看法？"

回答提示：实际上很多公司问这个问题时，并不是说一定要加班，只是想测试求职者是否愿意为公司奉献。可以这样回答："如果是工作需要，我会义不容辞，我现在是单身，没有任何家庭负担，可以全身心地投入工作。但同时，我也会提高工作效率减少不必要的加班。"

（2）你一定不能错过的忠告

应聘的前提是诚信，无论是简历还是面试中，都要基于自己亲身经历和实际取得的成绩。如果失去诚信，一旦被面试官发现任何一点内容是虚构的，不管应聘者其他实力多么优秀，都会被质疑，最后逃脱不了淘汰的结局。在面试过程中，不要总是试图掩饰自己的短处，欲盖弥彰只会让事情变得复杂，更多的应该是向面试官充分展示自己所擅长的、自己的优点和取得的成绩。诚信也不代表是不需要任何修饰的坦白，有些面试官反而喜欢略带技巧型的面试者。

案例——家乐福面试

在家乐福校招过程中，出现了这样一次面试。人力资源部需要招聘一位英语培训师，最终有两名女同学进入了面试。张同学是学人力资源专业，英语也不错，专业背景也很吻合；李同学是英语专业出身，但不知能否适应人力资源的工作。

在面试时，李同学首先敏锐地察觉到 HR 的犹豫，于是主动介绍自己："我是英语专业毕业的，请相信我绝对是专业的。"就是这么一句话，最后 HR 决定录用李同学，最后事实证明，这位同学确实非常优秀，不到一年

时间就晋升为部门主管。

应对面试最好的策略就是展现真实的自己,不要为找到一份工作而刻意改变自己。同时面试时的肢体语言是很重要的,可能90%的同学在面试开始入座时都会很拘谨,这样会让面试的破冰显得艰难。如果出现这样的情况,建议以最快速度改变自己的坐姿,可以选择与面试官接近的坐姿,因为两个交谈的人坐姿接近的话,双方在潜意识中会有彼此认同的感受,这样不仅有利于同学建立自信,也有助于获得面试官的好感。还要注意面试时的手势,一些手势会让自己的回答显得比较有条理,还有一些手势比如在讲到自己的愿景时,将手掌放在心口,会起到强化作用。

总而言之,在面试的时候,要表现得有教养,看起来容易接近。让面试在一种轻松愉快的气氛中进行,更有利于表现自己,以及让面试官发现应聘者的性情。

7. 人生不能没有礼,面试的礼仪

谈到礼仪,很多大学生会想到古时候的繁文缛节,不仅琐碎无用而且等级观念森严。时代在发展,社会在进步,礼仪在漫长的岁月长河中也在不断变革。大浪淘沙,现代礼仪是人们在社交过程中,为了相互表示尊重、友好、亲善的一系列行为规范和准则。是人际交往的润滑剂,它能减少人际交往中产生的摩擦和矛盾,大学生要想融入现代社会,必须要精通礼仪。特别是500强企业,不仅重视面试人员的技能,更重视他们的素质和表现出来的礼仪修养。

"人无礼则不立,事无礼则不成,国无礼则不宁。"礼仪不仅是立身处世之本，也是一门待人接物的学问，是每个大学生都需要重视的必修课程。

相信每个大学生都能了解社交的重要性，日常生活中人际交往也十分频繁密切，礼仪在交往中占有重要位置，只有深入地了解礼仪的内涵与规范，才能帮助你更好地待人接物。讲究礼仪，遵从礼仪，是一个人修养素质的体现，有助于个人魅力的提升。

（1）见面礼仪

一个人想要给人留下好的第一印象，见面时的礼仪尤其重要。

见面前的服饰礼仪，有个原则是TPO：时间（time）、地点（place）、场合（occasion）。即在穿着打扮上面要考虑这三个方面的变化。服饰要顺应时代性，四季更替，温度变化，考虑服饰的种类、质地、花色是否与地点和场合相符合，要顾及不同场合的氛围。

当见面时，人们对对方的第一印象最为深刻、稳定，并且对以后的人际交往中起着指导性的作用。所以同学们应引起高度重视，有意识地让自己能给对方留下正面的印象。那么值得注意的有以下几点：

自信和微笑。微笑是最快捷有效打破尴尬僵局的方式，无论对方是什么样的身份地位，微笑以待，不仅可以减轻自己的心理压力和思想负担，也有助于形成平等交际的氛围。

守时和自我介绍。遵守时间的约定是良好交际的开始，良好的时间观念可以让你显得更可靠真诚。如果遇到特殊紧急的情况需要变动时间，也应该提前告知对方，并表达歉意。正式见面时，自我介绍可以让彼此相互形成初步的了解。自我介绍要简单明了，目前国际公认的介绍顺序是：第一，将男性介绍给女性；第二，将年轻者介绍给年长者；第三，将职位低的介绍给职位高的；第四，将客人介绍给主人；第五，将晚到者介绍给早到者。

握手和鞠躬。在社交场合中，握手是一种友好问候的表示，当有人向你伸出手时，应马上伸手相握，拒绝他人的握手是非常不礼貌的。一般情

况下,应由主人、年长者、身份地位高者、女性先伸手。要注意的是坐着握手和交叉握手是很失礼的。如今鞠躬一般是在表达深度歉意或致谢时才会使用,多为表达行礼者对受礼者的尊重程度。通常受礼者应与行礼者的上体前倾幅度大致相同的鞠躬来还礼,但是上级或长辈还礼时,可以只欠身或点头示意。

案例——微笑的力量

我记得大学刚毕业那会儿,有三位女同学同时去一家公司面试,从三个女孩儿的外表上看,其中两个女孩儿都长得很标致,而另外一位是久职教育的同学,相比较下穿着比较简朴。

面试结果却让人惊讶,公司的经理选择了她,他拒绝另外两位美女的理由是:你们很漂亮,但冷冰冰的让人感觉无法接触,但是这位同学,从她进公司面试起,就一直保持微笑,我们公司团队就需要这样有朝气的人。微笑让你更具个人魅力。我们久职教育的这个学生就这样成功入职了。

(2) 求职前的礼仪

求职是大学生走向社会的第一步,可以说求职决定着你未来要走的路。如何在面试中充分地展现自己的才能,在众多学生中脱颖而出,打动面试官是非常重要的。想要给面试官留下深刻美好的印象,除了专业技能以外,不仅要求有较高的思想和心理素质,还要求你要有良好的自身礼仪修养。这样才能有效地增加你被录取的概率,帮助你把握住良机。

美国学者曾对《财富》杂志排行榜前300名中的100名执行总裁进行调查,其中93%的人认为在初次面试中,应聘者会由于不得体的穿着而被拒绝录用。由此可见,正确的服饰在面试中起着关键作用,一个大方优雅的外表无疑能给面试官留下良好的第一印象,合适的场合如何穿着打扮是每个大学生必须了解的内容。

对于面试服装的选择，一般对于男士来说，深蓝色或灰色的西服是比较理想的选择。更正式的是三件套，即西装、西装背心和西裤，两件套次之。要注意衬衫应选择硬领、长袖的。通常以白色为主，也可以是浅蓝色或浅灰色的。相比之下，女士的服装要以内在素质取胜，剪裁得体的西装套裙、色彩相宜的衬衫和半截裙使人显得稳重自信。当然，由于岗位性质的不同，其服装的要求也不尽相同，大学生应针对具体的环境、岗位来选择服装，投其所好来给自己加分。

面试是很正规的场合，适当的修饰面容也是增分的方法之一。对于女同学来说，素雅、自然的淡妆会让你看起来更有精神、有朝气。而男同学也需要彻底整理一番，一定要将胡子刮干净，可以适当地使用粉底遮盖粉刺痘印等。面试时，大学生还要注意保持头发和指甲干净整洁，不要因为追求新潮，染奇怪的发色和发型，除了裸色尽可能地不要染指甲。要符合学生的身份。

面试临场时，很多缺乏经验的大学生会十分紧张，手足无措。可以参照以下方法做准备：找个位置坐下，稍做休息，可以通过深呼吸来缓解情绪；再次整理仪容仪表，注重细节的修饰；在心中演练一下面试中自我介绍和可能出现的提问；要文明礼貌，坐姿端正；等待时可以与其他应试者交谈，用积极的语言相互鼓励，切忌说丧气话；不要费心向已经面试出来的人询问过程，这样不仅给人留下不稳重的印象，还容易造成自己的慌乱。

（3）面试中的礼仪

提前 10 到 15 分钟到达面试现场效果最佳。即将开始面试，很多大学生缺乏社会经验，会忐忑不安，紧张害怕，甚至会影响到面试时的正常发挥，这些都是可以通过前期充分的准备来减轻或避免的。久职国际教育有专业的求职指导课程，帮助同学们更好地就业。在面试过程中，有很多礼仪规范也是要注意的，这可能直接影响面试官的面试结果。

从进门开始，如果没人通知，即使前面的人已经面试结束，也应该留在门外耐心等待，不能擅自走进面试房间。进门前应先敲门，听到"请进"后，再进入房间。有不少的企业会通过握手来考察应聘者是否专业、自信，所以在面试官的手朝你伸过来时，要自信稳重地伸手回应，双眼一定要直视对方，微笑地说出："您好，我是……。"在进入面试房间后，没有听到"请坐"之前，绝对不可以自己找位置坐下，面试中，要注意自己的坐姿，切忌双手紧握或者不断揉搓手指，会让人觉得你缺乏自信和紧张。

面试中最主要的部分就是交谈，如何在交谈过程中显示出自己受过良好的教育，体现个人的内在素养和气质是博得面试官好感的重要条件。

一是认真聆听。聆听是捕捉信息、处理信息、反馈信息的过程，帮助你判断主面试官的真正意图。

二是非语言交流。除了讲话，你的手势、目光、肢体、面部、服饰等，通过仪表和姿态无一不在传递着信息，非语言的交流同样是面试成败的关键。

三是适当的回答和提问。交流是一个互动的过程，有技巧地回答面试官的提问，适当地提出自己的疑问和见解，同样是帮助你取胜的关键。

四是告别。结束与面试官的交谈后，要再次强调自己对该工作的热情以及对面试官的感激，记住了解面试结果的时间和途径。

案例——技巧决定面试成败

久职教育的小华同学毕业后成功进入了一家国内知名企业，他后来跟我们分享在面试时遇到的奇葩经历。据说当时投简历的就有数百人，最后"杀进"面试的只有30多人。当时他们被分成三人一组回答面试官的问题，有个叫陈兴的同学觉得要脱颖而出必须表现得更积极。所以在回答问题的时候，他总是抢在别人前面，比别人多说两句。

面试官问："如果你的同事中有不好沟通的人，你怎么办？"别人还没有说话，陈兴就抢着回答："最重要的是工作，每个人都有自己的个性，不需要去勉强。"整个面试下来，有 2/3 的问题都是陈兴回答的，而且越说越顺，根本忘了要收敛。

一个星期后那个陈兴收到通知，被客气地告知不需要参加复试了。因为公司觉得他不注重团体合作精神，太急于表现自己，不是他们需要的人才。就这样那个同学就被淘汰了。这件事让小华特别感谢久职，他说要不是久职提前对他培训了很多相关的知识，恐怕他也会跟陈兴一样。

过于自信就是自负，两者有时候只有一线之隔，但自负只会让人生厌，而自信则让人心生好感。小华的失败在于不懂面试过程中，团队合作的礼仪规范，急于展现自己，反而凸显出他缺乏团队合作的精神，不合群的一面。

（4）面试结束后的礼仪

当面试结束后，通过一些礼仪技巧，可以增加你的成功率，这对于大学生来说，是非常有必要了解的内容。

一是表达感谢。面试结束后的两天内，最好给招聘人员发信息或者电子邮件表达谢意。感谢信要简洁，开头应提及自己的姓名及简单情况，然后提及面试时间和表达感谢。感谢信的中间内容可以重申对公司及职位的兴趣，凸显自己的就职优势，尽可能地修正面试过程中表现不足的地方。感谢信结尾应表示对自己素质能力的自信，主动提供更多有效材料。面试后表示感谢是十分有必要的，这不仅是礼貌之举，也会加深面试官对你的印象。

二是查询面试结果。一般来说，面试两周后或超出主面试官许诺的时间范围外，还没有收到对方的答复时，就应该写信或者打电话给招聘单位了解具体情况。注意不要过早或过晚去打听消息，得到结果后再进行下一步的准备。

三是不要忽视被你拒绝的公司。大学生尤其要注意这点，在步入社会求职过程中，由于你表现很出色，可能同时被几家公司录用。这时候你应

该认真考虑选择哪家公司,在决定好后,必须要向被拒绝的公司发出感谢信,表达自己对公司提供机会的谢意,以及说明自己已经接受其他工作。这封感谢信会让你给他人留下好的印象,也许未来某天你会换到那家公司工作或者公司间有合作的机会。注意感谢信中不必解释接受另一份工作的理由,也不必提及具体是哪家公司。

案例——一封感谢信

尊敬的沈先生:

　　感谢您昨天为我的面试花费的时间和精力。我和您谈话觉得很愉快,并且了解到许多关于贵公司的情况,包括公司的历史、管理形式以及公司愿景。

　　正如我已经谈到过的,我的专业知识、经验对公司是很有用的,尤其是我的吃苦钻研能力。我还在公司、您本人和我三者之间发现了思想和管理方法上的许多共同点。我对贵公司的前途十分有信心,希望有机会和你们一起工作,为公司的发展共同努力。

　　再一次感谢您。并希望有机会与您再谈。

×××
×年×月×日

　　相比其他面试者结束后的一句"谢谢",这封结束后的感谢信更能体现你对公司和职位的重视,也能体现出你的自信与礼仪修养,对面试官的选择具有重要的影响力。作为求职的大学生来说,必须要做到面试结束,礼仪未完。

第六章

人生不设限：
你自以为的极限，只是别人的起点

不要对自己丧失信心，更不要给自己的人生设限——你本身具有强大的潜能，只是还没有爆发出来。你远远没有达到你的极限，你自己以为的极限，可能只是成功人士努力的起点。

要想实现自己的快速成长，你只需要找到正确的释放自身潜力的方法。这个世界没有免费的午餐，没有不劳而获的回报，每一个光鲜人物的背后，都付出了令人震惊的努力。要想让自己的努力有成效，你就要找到适合自己的努力方式。其实，人们的天赋都差不多，关键在于你如何激发自己的潜能，做最棒的自己。

1. 向内挖掘潜能,向外突破可能

"人都是被逼出来的",不逼自己一把,永远不知道自己有多么优秀。面对压力的时候,我们往往能展现出"超乎寻常"的能力。但因为自我的局限性,"潜能"常常难以被察觉。穷则思变,人有压力才有动力!我们大学生应适时"逼迫"一下自己。

目前尚无从知晓一个人的潜能到底有多大,但可能身边会有这样一种情况,在学校或者公司,老师或者上司布置一个看似不可能完成的任务,很严肃地告诉大家,如果期限内不能完成将会受到处分,这时大家的压力油然而生,并努力奋斗,可是到了那天却完成了任务。将"不可能"变为"可能",这即是人的潜力,被逼出的潜力。

古有西楚霸王"破釜沉舟"、韩信"背水一战",然而我们今天生活的社会相对稳定和谐,多数大学生家庭环境不错,即使不能自己创出一番事业,有父母作为强力后援,因为衣食无忧感觉压力不大,既然有"退路",我们该如何"逼迫"自己呢?

案例——人都是被逼出来的

某高校大一上半学期,马上要放假了,各科老师都在忙着考试,小王的班级有一堂普通话课,某天上课时老师突然说这节课考试,算是期末成绩,考试内容很简单,就是写一篇2 000字的论文,题目就是学习普通话的感受,不允许查找资料,两节课下课后交。

老师说完后,班里所有人的表情都是一副惶恐的样子。小王在同学们的眼中算是写作能力比较出色的了，此时此刻大家都向小王投去羡慕的目光。可是，2 000 字也不是想写就能写出来的呀！老师看大家谁都不动笔就说计时开始，谁要是写不完就算挂科。天啊，同学们迅速地拿起笔，可是看到那几张洁白的 A4 纸后实在是无从下笔啊，小王也陷入了困境，眼看一节课浪费了，当时真是把人逼到极点了，也不知道是不是这种压力把潜能逼出来了，小王的灵感来了，并且源源不断如井喷一般。仅仅 45 分钟的时间就写下了 2 500 多字，再看看其他同学应该也都被逼出来了吧，都在刷刷地写。

两节课的时间就这样过去了，班里所有的同学都写完了，没有出现任何抄袭、交头接耳的情况，而且字数足够。

当你觉得这件事情你不可能完成，但又必须要完成时，所激发的潜力是无穷的；而当你完成了不可能完成的事，你的内心又是丰富和充满成就感的，那种愉悦只有你自己才会懂。

那么，向内挖掘潜能，才会向外突破可能，如何才能做到呢？

根据现代心理学所提供的科学依据，绝大部分正常人只运用了自身潜能的 10%。也就是每个人都有一种"潜在能量"可被挖掘。有些同学会有疑问，如何才能成功挖掘自身的潜能呢？这如同深埋于地下的矿藏，需要先"勘探"，然后才能"开采"。潜能需要激发，而激发需要一个过程。

（1）培养良好习惯

"好习惯不易坚持，而坏习惯容易养成。"习惯就像一个分流器，好习惯自发地使我们的潜能思维和行为向着正确的方向前进，坏习惯则在潜移默化中阻碍有助于成功的潜能。我们都知道"温水煮青蛙"的实验，"如果把青蛙丢进滚烫的开水中，它会迅速地跳出来，但如果把青蛙放在冷水中慢慢加热，它会安逸地在锅里游泳，直到慢慢被烫死在水里。"其实，人很多时候也会像青蛙那样，沉浸于逐渐变热的水中，被坏习惯所侵蚀。

更可怕的是，我们并不知道自己有多少坏习惯。这时不妨把自己通常会出现的思维方式和行为方式写在纸上，然后分析出孰是孰非，这十分有助于你认识和挖掘自己的潜能。养成良好的习惯，我们才会像那只突然被放进滚烫开水里的青蛙一样，被激发出无尽潜能，始终保持生命的活跃状态，而不会在无所事事中变得平庸和颓废。

（2）懂得取舍

取舍，是一种勇气，更是一种智慧。成功者善于取舍，善于权衡利弊。很多时候，因为不肯放手，而失去自我。所以要学会在"取"和"舍"中做出选择。世事没有那么完美，更不可能做到"鱼和熊掌兼得"，这时如果你无法忍痛割舍，就从减少损失开始，循序渐进；尝试思考"欲望"与"必须"的差别。懂得取舍，方能进退自如。

（3）通过身边的人去学习

以身作则，言传身教。孔子曾说："益者三友，损者三友。友直，友谅，友多闻，益矣。友便辟，友善柔，友便佞，损矣"。西方学校也非常重视学术共同体的教育方式，尤其是公开辩论：什么是真正的朋友？普遍的共识就是，真正的朋友应该是可以深入交流、不断砥砺、互相学习的人，这样的朋友正如孔子所说："有朋自远方来，不亦乐乎"。

（4）生活需要支撑也要学会承受

支撑事业，支撑家庭，甚至支撑起整个社会，有支撑就一定会有承受，支撑起多少重量，就要承受多大压力。从某种意义上讲，生活本身就是一种承受。痛苦常常扮演着不速之客的角色，往往不请自来，有些痛苦来得温柔，如同慢慢降临的黄昏，在不知不觉间你会感到冰冷和黑暗；有些痛苦来得突然，如同一阵骤雨，一阵怒涛，让我们来不急防范；当我们屈服于痛苦的时候，它可能使我们沮丧、潦倒，甚至在绝望中走向灭亡。当我们承受了痛苦，我们就会变得坚强自信，那么，此时，痛苦就变成了一笔巨大的财富。

承受平淡，同样需要一份坚韧和耐心，平淡如同一杯清茶，点缀着生活的宁静和温馨。在平淡的生活中，我们需要承受淡淡的孤寂与失落，承受挥之不去的枯燥与沉寂，还要承受遥遥无期的等待与无奈。

（5）学会承受痛苦

生命是一条湍急的河流，在短暂的流逝中我们曾遇到过大坝，遇到过泥沙，抑或是暴风骤雨，这些障碍与困难、磨砺与痛楚或许会成为我们心中的暗礁。可是，当我们勇敢地面对时就会发现，那些曾经的伤疤会让我们生命的河流，流得更宽、更远、更加清澈无比。小时候，总是担心自己的错误被老师当堂指出，仅仅是因为小小的自尊心已经能够强烈地感受到什么是羞耻。曾经小小的痛，变成了现在的财富。当我在新的环境中慢慢摸索时，孤独的痛楚便会悄然爬上心头。然而在朋友们不断的祝福与鼓励中，也逐渐明白"君子之交淡如水"的道理，更加懂得珍惜与守护这些来之不易的友情。于是，痛苦教会我为人处世的道理。在所有的离别中，在亲人逝去时。

（6）学会等待，学会忍耐

"行百里路者半九十"。雄心的一半是忍耐，成功的一半是等待。让我们纵观历史长河，一个成功的人，或者在事业上有所作为的人，首先要有雄心壮志，更要有雄才大略。凡是有雄心壮志和雄才大略的人，都要经历"忍耐"二字，"忍"是忍受一般常人难以忍受的痛苦，忍受学业和事业开拓创新进取中的艰难险阻，忍受人生成功道路上的一切风风雨雨，忍受生活上的酸辣苦涩，忍受人世间的眉高眼低。"而坚忍不拔是人类的精神力量，是通向人们成功彼岸的桥梁。""耐"是耐受，是耐心，是耐力。首先耐受寂寞，保持心静，心静则致远，心静则慧聪，才能永远保持头脑清醒，创新有序。

更重要的是耐力，耐力是持之以恒、持续不断地为确定的远大目标而

努力,做好平凡而具体的事情,才能获得人生道路上的成功。但是,"忍耐"并不是甘于落后,只有"忍耐",没有恒心、没有拼搏、没有争当一流的精神,那么,这种"忍耐"是毫无意义的。真正的"忍耐"则是始终保持着远大的雄心壮志,为自己确定的宏伟目标而努力奋斗终生!

2. 充分挖掘自己的潜能

一个人的潜能是无限的,现实生活中经常有这样的例子:一位父亲为救翻车的儿子,竟然能赤手空拳将整个汽车挪开;一位母亲,为救即将从5楼坠落的孩子,竟跑得比运动员还快……

科学研究发现,人类贮存在脑内的信息量大得惊人。人们平常只发挥了极小部分的大脑功能,如果能够发挥一大半的大脑功能,那么就可以轻易学会40种语言,背诵整本百科全书,拿12个博士学位。一个人通常都存有极大的潜在力量,潜意识的力量是有意识力量的30 000倍,而绝大部分正常人只运用了自身潜在能力的10%。可以这么说,每个人都有一座"潜能金矿"等待被挖掘。

案例——从轮椅站起来

一位名叫史蒂文的残疾人,已经在轮椅上度过了20年的漫长时光。他觉得自己的人生已经没有了意义,于是整天借酒消愁。有一天,他从酒馆出来,照常坐轮椅回家,却碰上3个要抢他钱包的劫匪。他拼命地呐喊和反抗,却触怒了劫匪,他们竟然放火烧他的轮椅,轮椅很快就燃烧了起来,求生的欲望让史蒂文忘记了自己的双腿不能行走,他立即从轮椅上站起来，一口气跑了一条街。

　　事后，史蒂文说："如果当时我不逃，就必然被烧伤，甚至被烧死。我忘了一切，一跃而起，拼命逃走。当我终于停下脚步后，才发现自己竟然能够重新走路了。"现在史蒂文已经找到了一份工作，而且身体健康，与正常人一样行走，并到处旅游。

　　这就是潜能，让一双20年来无法动弹的腿，竟然于危急时刻站了起来，并飞速奔跑。人们不禁要问：到底是什么因素促使史蒂文产生了这种"超能力"呢？显然，这并不仅仅是身体的本能反应，它还涉及人的内在精神在关键时刻所呈现出来的巨大爆发力。

　　正如著名作家柯林·威尔森所说："在我们的潜意识中，在靠近日常生活意识的表层的地方，有一种'过剩能量储藏箱'，存放着准备使用的能量，就好像存放在银行里个人账户中的钱一样，在我们需要使用的时候，就可以派上用场，在职场中同样如此，你需要接受更大的挑战，充分挖掘自己的潜能，通过自己的努力上升到更高的职业台阶。沿着职业发展这条主线，积极准备，通过自己的知识储备、技能储备、人脉储备，使职业金字塔的基底更加厚实，职业发展之路才会更加顺畅。"

3. 没有谁是"不行"的，自信是潜能的"放大器"

　　年轻人，尤其是大学生群体，尽管拥有了丰富的常识，但往往在许多方面对自己不够自信，老是说"这也不行"，"那也不行"。例如，学霸，他们会在学习效果方面否定自己，说自己成绩"不行"；学术达人，他们

会在科研方面否认自己，说自己科研"不行"；学生会干部，他们又会在个体才能方面否定自己，说自己才能"不行"。

当然我们四周也存在着这样一类人，他们不会过多关注他人的成败，只关注自身的目的和追求。总是觉得自己很牛，这样也行，那样也厉害，这类人也不能说是自信，只能算是自负或自傲。真正"行"的人他们的状态是怎么样的呢？又该具备哪些特质呢？

（1）让信心成长，告诉自己"我能行"

没有谁是"不行"的，这句话的含义是，让自己变优秀起来，相信自己是可以的，这个变自信的过程，就是承认自己"行"的过程。厉害的人都会给他人带来信心，但失败的人总喜爱打击别人，不要与他们计较也不要成为他们中的一员，这正是让他们不优秀的缘由。

想要优秀自信就要勇敢迈出第一步，而后才可以渐渐地自信起来，一个人变优秀首先要树立自信。你只需要选择自信，不要听丧气者的话，与其羡慕别人更优秀，不如鼓起勇气改变这一切。自信不是他人给的，是你的个人意识在做主导，要相信自己，才可以经得住考验。

案例——相信自己

重庆大学城某高校一位女大学生，第一次登台演出，内心十分紧张。想到自己马上就要上场面对上千名观众，她的手心都在冒汗："要是在舞台上一紧张，忘了歌词怎么办？"越想，她心跳得越快，甚至产生了打退堂鼓的念头。就在这时，一位前辈笑着走过来，随手将一个纸卷塞到她的手里，轻声说道："这里面写着你要唱的歌词，如果你在台上忘了词，就打开来看。"她握着这张纸条，像握着一根救命的稻草，匆匆上了台。也许有那个纸卷握在手心，她的心里踏实了许多。她在台上发挥得相当好，完全没有失误。

她高兴地走下舞台，向那位前辈致谢。前辈却笑着说："是你自己战胜了自己，找回了自信。其实，我给你的，是一张白纸，上面根本没有写什么歌词！"她展开手心里的纸卷，果然上面什么也没写。她感到惊讶，自己凭着握住一张白纸，竟顺利地渡过了难关，获得了演出的成功。

"你握住的这张白纸，并不是一张白纸，而是你的自信啊！"前辈说。深受启发的她在以后的人生路上，就是凭着握住自信，战胜了一个又一个困难，取得了一次又一次成功。

就算再厉害的人都有不自信或自信的理由，不要让外界的消极因素影响到自己，加重心里的自卑或忐忑。尤其当你不出色的时候，你更需要自信，也只有充满自信后，你才能更加全面地认知和正视自己，才能变得更优秀。当你不自信时，要反思导致这样的原因，有针对性地去改善它。不要靠取悦别人来增强信心，这样只能麻痹自己看不清事实。对于其他人而言，大学生有更多的机会、条件、能力和时间去超越自己，拥有自信是成功的基石。李开复老师的放大镜原理可以告诉我们，自信是怎么开发出来的。

（2）自信是潜能的"放大镜"

上中学时，物理老师帮我揭开了这个问题的谜底。物理老师告诉我，如果我们不能意识到自身巨大的潜能，或者不善于将潜能释放出来，我们就好像故意在自己的潜能面前放置了一个凹透镜，潜能在凹透镜里的成"像"（也就是我们表现出来的能力）被物理学中最基本的光线折射原理"缩小"了；反之，如果善于发现并释放自己的潜能，我们就有可能突破自己的能力极限，获得巨大、甚至连自己都无法想象的成功——这种效应就像在自己的潜能面前放置了一个凸透镜一样。（如下图）

每一个追求成功的人都会设法为自己寻找一个可以放大潜能的凸透

镜。而无论从哪种意义上来说,"自信"都是能够找到的,也是迄今最好的潜能"放大镜"。

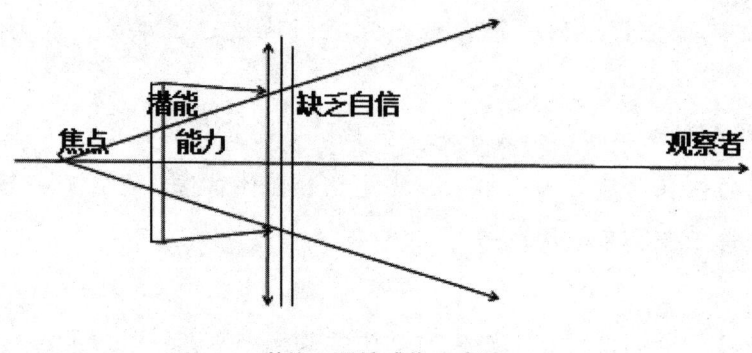

潜能凹透镜成像示意图

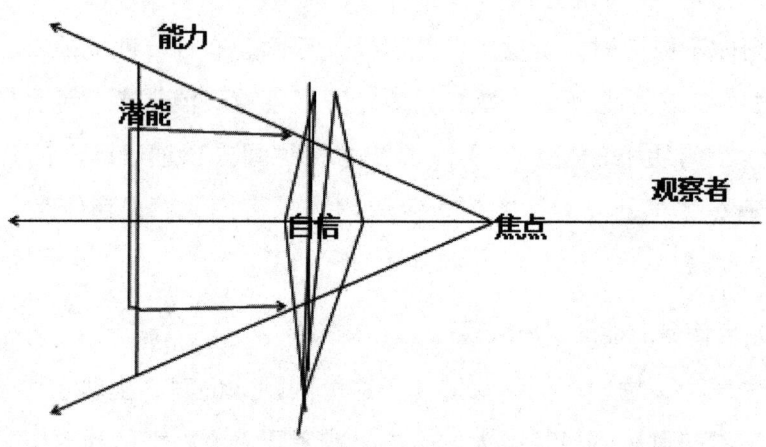

潜能凸透镜成像示意图

自信,就是要在了解自身的基础上,完全相信自己。相信自己能够在面对艰难与挑战的时候,把自己最大的潜能释放出来,然后相信自己能够在拥有理想和兴趣的情况下坚定不移地走向成功。

（3）获取自信

自信对每个人都很重要，这点无须质疑，无论是在我们的学习上、生活上，还是在将来的工作上，自信贯穿在我们发生的每一件事情上。充满自信的人遇见困难时总会告诉自己："我能行，我一定能行。"

案例——求职应聘时的自信

曾经有位同学来久职问我："我现在每天忙着找工作。每次面试时，我都非常紧张，而有时候为了掩饰这种情绪，我便表现得足够谦卑和谨慎，不敢在面试官面前多说一个字，老师你认为我的做法对吗？"

对此，我的个人看法和见解是：

一个人在面试时谦卑、谨慎的表现，其实是内心不够自信。如果一个年轻人总是这样让自己笼罩在不自信的阴影之下，在面试官面前表现不了自己优秀的一面，可能也难以踏入优秀或卓越的门槛。另一方面，也会让人对他的真正实力表示怀疑。

在现实求职中，有很多 HR 主要看的不是你的智力而是思考方式，还有你的自信和站在台上处变不惊的态度。而过分的谦虚可能被认为是求职者能力的不足或心虚的表现。而持续的沉默则可能被认为是对自己不认知的一种遮掩。面试的过程其实就是一个心理测试的过程，你的心理素质越突出，越是自信，就越有可能取得对方的赏识。

另外在面试的时候不能过分谦虚，生活中亦是如此。一旦这种过分的谦虚形成了习惯，我们就会在不知不觉中感到我们自己的确不如别人，久而久之，这种潜意识就会发展为自卑的心态。

自信来源于成功的暗示，自卑来源于失败的暗示。如何在人际交往中正确地看待自己和别人？古语说得好："人贵有自知之明"，何为"贵"，阐明其难。正确地看待自身确实不是一件容易的事，但对交往妨碍最大的

因素,其实就是自卑。学会自信,我们要冲破自身的恶性循环,打消对失败的恐惧,丢掉消极悲观的心态。同学们可以用以下步骤培养自己的信心:

学会竞争,增强自信心。自信心的实质是提高自己的心理承受能力。一个人一旦对自己有了信心,那么他就会以百倍的热情投入到各类活动中去,久职教育常常开展一系列的活动,让学生找自己的优点,找别人的优点,不仅能够了解自己的闪光点,也能增强自己的自信心,培养积极进取的精神。

在鼓励声中获得自信。其实在现实中,建立自信心,更多的是要适时、适地和适当地鼓励同学们勇敢表达自己的想法,积极表现自己,对学习和生活中所表现出的努力要及时给予肯定和当众表扬,从而塑造自信心。

正确面对竞争,开展挫折教育,培养自信心。在生活中,任何人都不可能是一帆风顺的,经常会遇到各种意想不到的挫折。面对挫折,你要有不灰心、不低头、百折不挠的态度和勇敢前进的气魄,培养自己抗压的能力。在久职教育,我们在鼓励学生的同时,也会把一些问题、障碍交给学生去处理,这样也让学生能够在逆境中成长,久而久之,他们的处事能力增强的同时,承受压力的能力也会随之增强。

其实积极正确地对待挫折,在《孟子·告子(下)》中就有强调:"天将降大任于斯人也,必先苦其心志,劳其筋骨,饿其体肤,空乏其身,行拂乱其所为,所以动心忍性,增益其所不能。"坦然地去接受挫折,积极地去面对挫折,要将挫折看作是一次严格的考验,把它当作前进道路上必经的关口。

世界上可以做的事情很多,但真正能做好的人很少;每个人能遇到的机会很多,但真正能抓住机会的人很少。关键不在于你能够涉足多少,而在于你是否有自信去做。柔弱之水尚能滴穿坚硬的磐石,那么拥有无限潜能的人类如果像水那样坚持,何事不成?

在久职教育我说过这样一句话:"大一的学生是呐喊,大二的学生是彷徨，大三的学生是伤逝，大四的学生是朝花夕拾。"用鲁迅先生作品的名字来形容某些同学四年的大学生活确实十分贴切了，大一的学生，刚来到学校，对什么都是充满好奇的，胸怀壮志；而当大二的时候，渐渐地失去了方向，对未来也慢慢地感到彷徨；大三的时候，就已经开始悲叹逝去的时间，觉得有遗憾了；最后在大四，最常做的是在悔恨中做以前应该完成的任务。

难道大学四年就这样任凭荒废，这种生活方式难道不凄凉吗？

曾经如千军万马挤独木桥的高考都能闯过，为什么要选择这样的结果。如果愿意，你也可以选择用冰心散文集的名字来描述大学生活：《闲情》《春水》《燃灯者》《超人》，大一的你充满了好奇心，积极参与学校的各项活动，拥有着无限的闲情逸致；大二的你是整个大学的全盛时期，经过了大一的洗礼，你变得更加稳重，就犹如阳春的江水；大三的你开始慢慢找到了方向，趋于成熟，点燃了自己的启明灯，于是乎被称为燃灯者；大四的你成了社会储备人才，即将走向职场，这个时候你可以像超人一样飞向自己的未来。只要你的决心够坚定，没有人是不行的！

4. 给自己一个积极的心理暗示

心理暗示，是指人接受外界或他人的愿望、观念、情绪、判断、态度、影响的心理特点。人人都会受到暗示，它是人的一种本能。

人们为了逃避痛苦和追求成功，往往会不自觉地使用各种暗示的方法，比如，灾难临头时，人们会相互安慰"一切都会过去的，从而减少承受不幸的痛苦；人们在追求成功时，会设想目标实现时美好、激动人心的情形，这个美好的情形就会对人产生一种暗示，可为人们提供动力，提高

挫折耐受能力，保持积极向上的精神状态。当然，以上两种都是积极的心理暗示。积极的心理暗示即良性暗示，能够对人的心理、行为、情绪产生积极的影响，从而有助于身心健康。

相反，一个不良的心理暗示则会使你无精打采、心不在焉、工作效率下降，甚至影响到未来的事业发展。从这个角度上来看，职场中人尤其要时时提醒自己，每天给自己一个积极的心理暗示，战胜不良的心理暗示。唯有如此，才能让自己在工作中如鱼得水，真正把职场变为展现自己才华的舞台。

每个人的内心都渴望得到来自于他人的赞美和肯定，当别人对你说"你真能干，你真棒"时，你会感到自己信心十足，往往会变得更加能干，因为别人对你的肯定，将变成你对自己的期望，你的行为也会尽力去回报这一期望。其实，我们何不自己肯定自己，给自己一些积极的心理暗示呢。

第一，用语言暗示自己。每天对自己说"我有潜力，我能落实计划，我能行，我能成功"等。这样，你就真的会发现自己越来越优秀了。

第二，用"汽车预热"的方式调整心情。我们都知道，汽车上路前都要进行发动机预热，这样才能保证汽车良好的行驶状态，做事也是一样。当星期一早上你还未从"周末综合征"中彻底解脱出来时，先不必急于工作。可以先与同事们交流一下，或是先翻阅一下上周的工作日志，当你给自己的心情"预热"之后，再以崭新的面貌进入工作状态。

第三，在状态最好时迎接挑战。每个人都有自己的情绪周期，有时人们难免会莫名地情绪低落，这时就应该先做些简单的工作，不要给自己增添过重的负担，更不要总是对自己说"我的能力实在不行，我缺乏变通的技巧，大家都不喜欢我"等。要知道，真正能够击倒你的人，有时恰恰正是你自己。

因此，不要总是给自己贴上"这也不行，那也不行"的失败标签，而应该多给自己积极的心理暗示，相信自己并不比别人做得差，成功一定属于自己。那些令人感到棘手的问题，可以等到自己情绪高涨的时候再处理，因为好心情能激发饱满的工作热情，促使人们增强信心，迎难而上。

5. 七度空间，成就更好的自己

"人之所以平凡，源于无法超越自己。"成就怎样的自我，以怎样的姿态步入社会，对社会承担怎样的责任，是我们在大学期间应该思考和准备的问题。衡量一个人价值的标准，应在于他为社会在物质和精神方面所做出的贡献和承担的责任有多大，而不在于权力、金钱、声誉、学识的多寡。要实现自身的价值，既需要社会为我们提供一定的客观条件，更重要的是我们个人主观能动性的发挥，要从思想、境界、心胸、眼界、学识等方面全方位提高个人素质，自觉抵制和远离不利于自身成长和社会进步的意识形态和行为误区。

如果用一元的成本制作一个普通杯子，最多可能卖两元；如果把款式设计得时尚一些，也许就可以卖到三四元；如果制成知名品牌，有可能卖到五六元；如果让它具有特殊功能，价格可能涨到七八元。如果这只杯子有过更特殊的经历，如曾随"神六"上过太空之类的，那么卖到一两千元也是有可能的。

既然一只杯子的价值可以不断地提升，我们是否也可以通过自身的学习和各种实践去历练，像这只杯子一样不断提升个人价值呢？

（1）提升思想的深度

思想是什么？每个人都有头脑，但每个头脑并非都充满思想。思想就是我们对人、对事物所持有的观点、对世界的认识。我们一直在追求人生成功的标准，寻找如何走向成功的途径，当我们找到了符合历史发展和社

会进步的方向时,即形成了正确的思想,这种思想的指引会为我们带来真善美,反之则产生假恶丑。

一个人的思想越有道理、越与众不同,他便越积极乐观、先进而深刻。一个真正有思想的人是伟大的,即使他的生存空间依旧平凡,甚至不堪,纵然青春不再,但内心总是激情澎湃。

法国哲学家帕斯卡曾说:"人只不过是一根苇草,是自然界最脆弱的东西,但他是一根能思想的苇草。因而我们全部的尊严就在于思想。"人类自诞生以来,就以其丰富的想象力和创造力在实践中不断认识自然,挑战自然,进而利用自然的力量为己所用。人类社会的发展,即是人类思想进步的一部著作。

在大学里,作为学生的我们不能成为学习的机器,我们是独立的个体,必须有独立的思想。德国作家亚瑟·叔本华在他的《论阅读和书籍》中这样写道:"读书不加以思考,决不会有心得,即使稍有印象,也浅薄而不生根,大抵不久后又会淡忘丧失,况且被记录在纸上的思想,不过是像在沙上行走者的足迹而已,我们也许能看到他所走过的路径;如果我们想要知道他在路上看见些什么,则必须用我们自己的眼睛。"

如何变得有思想?思想需要通过勤奋的学习和深入的思考产生。如今的大学,或多或少已存在着浮躁、庸俗、功利等现象,这些东西已让我们教育缺失、思想贫乏,让大学的创造之源干涸,失去应有的精神。我们应该用理性的思维去评判,同时坚守生命的真理,给自己设定一个远大的前程和目标。人只有把目标放远一些,用更高的标准要求自己才能进步,才有益于看清大趋势,抓住主流,才会时常关注脚下,时常仰望天空,才能关注我们的生存进而关心民间的疾苦,关心国家的兴衰。

要勤奋学习,多方涉猎,增加知识储备。广泛参加集体活动,建立良好的人脉圈子,接触有智慧的人,多向贤达求教,注重生活经验和社会认知的积累。要学以致用,敢于大胆质疑,不盲目服从流行的权威和人云亦云的传言。要热爱思考,懂得反省,学会寻觅、思考一些问题,总结经验。

人生之路漫长而遥远，切勿落下了灵魂。

（2）提升眼界的长度

一个只看到自己的人，他一生的眼界就是自己的经历。一个关注社会的人，他一生的眼界就是一段社会发展史。而一个会读书的人，他一生的眼界就是整个人类文明的进步史。我们会读书吗？我们关注自己，也在关注社会吗？

多读书更要读好书。多读书等同于在心里置一台"永动机"，永远不会寂寞，更不会不知所措，这是开阔眼界的最佳途径。读好书就是在与精粹的文本对话、与杰出的人物对话、与伟人高尚的灵魂对话。唯有广泛阅读，拓宽知识储备，才能放眼全球，胸怀天下，才能对客观事物的认识达到极致的深度与广度。

简而论之，提升眼界的长度，需坚持三个原则：一是经常关注天下事。唯有这样才能明辨方向，把握大局。二是克服短期行为，抛却急功近利。应积极主动，勤学敏思，彻底打破心中的阻碍。三是多学习，多做事，多交流，多游览，丰富阅历，增长见识。同时，还需要有追寻梦想的精神和习惯。

作为年轻的大学生，在中国政治面临国际局势复杂多变的大是大非面前，我们不能只躲在自己的世界里，不关心外面世界的风云变化，更不能狭隘地去看待、一味地"愤青"甚至冲动行事，应理性开放地思考问题，用历史的、全局的和世界性的眼光，审时度势，驾驭大局。德国哲学家黑格尔曾说过："一个民族要有一些关注天空的人，他们才有希望；一个民族只是关心脚下的事情，那是没有未来的。"我们应立志成为敢于"关注天空""有理想""有抱负"的人。

（3）提升心胸的宽度

心胸，是一个人的气量、胸怀，也是一个人的志向、抱负。心胸的宽度，代表着一个人心灵智慧的高度，有宽度目标才远大，不为眼前利益所

诱惑，不为身边俗事所纷扰，终成大事。有的人得天独厚，却未能有所成就；而有的人，看似平庸，却干出了不平凡的事，这就是心胸的差别。可以说，一个人的心胸有多宽，他的事业就能有多大，人生就能有多高。而一个心胸狭隘的人，永远只能是井底之蛙，活在自己的世界中。

我们如若用心观察和思量一下身边的人，便不难发现家庭和睦、事业顺利的人往往心胸宽阔，许多好事好运也总是青睐他们，这是为何？不是他们的位高权重，也不是他们的富甲天下，而是他们平时在待人处事中容忍多，舍多。这是他们日积月累的宽广胸怀收到的回报。

既然心胸宽阔如此重要，我们应该怎样去提升呢？道理其实不难，在于凡事"忍"字当头，能容人容事，能敬己恕人。忍的次数多了，忍的经历长了，就演变成为一种自然而然的忍耐，也就能承受各种压力甚至非议了，上不会怨天，下不会尤人。也许理论上说起来轻松，真正要修炼成正果并非一朝一夕就能实现，需要靠长期的实践磨炼，靠长期的自我约束、自我教育、自我修养来提升。现在，我们交流一些简单的方法。

首先要具备正确的人生观、世界观和马克思主义哲学的方法论，以此指导我们正确地认识和评价社会、评价他人和对自我的评价。有意识地去关注一些大事，确定力所能及的自我奋斗的目标，并时刻为之努力，不苛求完美，让自己充实快乐地活在当下。其次要摒弃各种世俗杂念，提高自身免疫力。让自己的情商发挥一定的作用，能调控因攀比、嫉妒等产生的不良情绪。再次要有意识地博览群书，读书可以使我们的心灵更加丰润、柔软，视野更加开阔、辽远；我们的心灵辽阔了、自由了，我们面对事情的态度也会随之改变。还要善于培养思维习惯中自嘲的倾向，善于幽默。最后要以某些成功人士作为自己的偶像去了解，去模仿，去学习。积极主动地参加集体活动，培养自己的兴趣爱好，体验和大家在一起的快乐。尝试改变自己的交际环境，试着在不同的环境里接触不同的人。经常去大自然做一些修身养性的活动，看看天空，赏赏花草，晒晒太阳，听听音乐。遇到不顺心的事，找知己或亲人倾诉，以疏散郁闷情绪；或者把它们当成日记写下来，过一段时间再去看。每天起床梳洗后对着镜子微笑一下，保持阳光的心态。尽力为身边需要帮助的人做些力所能及的善事。学会对自己说"算了吧、不要紧、会过去的"。

"人有旦夕祸福，月有阴晴圆缺""对生活别苛求，潇洒地做好自己"。刘墉也曾说："这个世界很奇妙，有有形的，有无形的，有形的在我们的周遭，无形的在我们的心中。有形的再宽，而心中不宽，仍然觉得小。无形的宽阔，就算有形的局促，也觉得悠然。最重要的是，人要愈活愈宽，宽阔到以天地为家"。

（4）提升境界的高度

"境界"究竟为何物？他蕴藏在人的思想意识中，是人们感知某一主体在某件事物上所处的水平，或者人们对一个主体在对待事物上所期待的一种状态。这种水平、这种状态的好与坏、高与低取决于主体在人生观、世界观、道德修养、心胸视野等方面所达到的程度。如果一个人在人生观、道德修养等方面处于正确的、积极的、高尚的、开阔的层次，那么由他的行为表现出的状态必定是理想而美好的境界。

崇高的境界也不是与生俱来的，完全在于个人修炼的自觉性和主动性。修炼重在过程而且要坚持不懈。

第一，要树立终身学习的信念，不断学习，全方位学习。学习的内容不仅要广，包括政治、经济、文化、历史、法律、科技、管理等都要涉猎，而且要把学与思、知与行结合起来，要融会贯通，学以致用。

第二，提升境界的关键是在现实面前要经得住考验，要敢于挑战自我，超越自我。我们每思考一个问题、每做一件事情、每面对一个场景，都可能面临名、利、财、权、色这些利益的选择，我们是考虑自己的利害多，还是考虑他人的利害多？是对自己成长、成才和发展有利的事就主动去做，而对他人有益但对个人无益的事就不以为然、随心所欲地应付？如何在权力面前摆正自我，在利益面前清醒自我，在成功之后平静自我，在诱

惑面前守住自我,在得失面前看淡自我,在生死面前超脱自我,在批评面前审视自我,在危机时惊醒自我,在逆境中坚持自我,在犹豫面前坚定自我,在挫折中重整自我,在安逸时警示自我,在平凡中提升自我。在这些时候,我们面临的是"小我和大我""自我、本我和他我"的选择,我们理应放弃"小我"成就"大我"。这一点不是轻而易举就可以做到的,可能需要经历无数次的自我争斗。如果我们不断提高道德修养,不断加强人生观、价值观、利益观的改造,不断否定自我,最终将实现超越自我。如果我们时时处处能以欢喜、美好、真诚、负责、谦虚、愉悦、感恩、包容、无私的心态和情感来欣赏和对待周围的人和事物,我们的思想境界就逐步向崇高方向发展了。

第三,恪守并践行正确的座右铭,会引导和激励自己不断提升境界。比如,有同学把"慎终如始"作为自己的座右铭,就是要求自己在人生的道路上,无论遇到什么艰难困苦,无论面对什么名利享乐的诱惑,都要始终坚定自己的理想信念,始终坚守做人的道德操守,始终坚持努力学习,不断进取,立足自我,永远向前。

(5) 修炼见识的广度

增长见识,非一日之功,须持之以恒。必须克服"自以为是"的认知误区。生命有限,学海无涯。一个再博学的人,也只能是沧海一粟。有的人获得了大学的学历便以为自己是有学问的人,无所不知、无所不晓,这种判断和认识是错误的。学历是学习的经历,并不代表知识、经验的持有量,学历与学识之间不能简单地以等号视之。《老子》中说:"知不知上,不知知病。"意思是"知道自己还有不知道的,是上德之人;不知,却自以为知,是有病之人。"老子把自以为看作是"病",其实就是在批判这种认知的误区和致命的错误。任何人的见识都是有限的,我们应该承认自己的浅陋与不足,虚怀若谷,努力扩大自己的见识。

要增长见识,必须勤于学习和思考。杨澜曾在一期节目中,采访过获得诺贝尔物理学奖、被称为"光纤之父"的高锟老师。她在采访即将结束时，说过这样一段话："虽然爱因斯坦对宇宙的形成有重大的发现，不过在他晚年仰望苍穹的时候，仍然不免发出由衷的惊叹，这让我们看到在许多大科学家身上都有的共同特质，那就是他们越是学识渊博，越能够清醒地认识到人类知识的局限，在大自然的造化面前也更加的心怀谦卑。"这样的特质，在高锟的身上也能够发现，虽然被称为"光纤之父"，不过他也一再提醒我们，"人类的知识是相当有限的，在应用新科技方面特别要小心谨慎"。

见识来源于学习和实践的积累，学习和实践在于持之以恒。大学阶段的培养目标、课程设置、校园文化等旨在培养我们成为各种优秀人才，使我们拥有全球视野和获得走向成功的知识、技能和见识，并有能力识别和解决当今复杂的全球性的现实问题。因此，我们理应认真完成这些课程的学习。除此之外，还要广泛读书、看报、上网、听广播、听讲座，这些知识是多少人的智慧和经验的凝结，能丰富我们的精神生活，充实思想，增长见识，摒除狭隘的眼光，开阔狭隘的胸怀，使我们懂得世界复杂的多面和多变。见识的高明和心智的广大，还必须与灵活的思维方式相结合，才能体现其价值。

最后，要增长见识，必须努力实践。见识来自于"读万卷书，行万里路"，也来自于阅人无数，这需要我们对世间万物进行长期的、广泛的感知，而非一城一池、一朝一夕地促狭经历。真正的见识，不是拾人牙慧，不是天桥把式的嘴皮子见识，是"实践出真知"。西方有句谚语："我听过的，我会忘记；我见过的，我会记住；我做过的，我才能真正理解。"所以，增长见识须有两根支柱：第一根支柱是勤于学习，第二根支柱就是勇于实践。实践，是对高校教学环节的拓展和补充，也是我们走向社会、认识社会、拓宽视野、丰富自我的重要手段。在大学阶段，主要的实践活动，有生产实习、科技活动、勤工俭学、社团活动等，只有在实践中，才能真正做到学以致用，主观与客观的统一。我们只有看得多、听得多、学得多、

做得多、经历得多，我们的认识和见识才能实现由量变到质变的飞升。一个经常四处游走、广泛参加实践活动、朋友遍天下的人，绝对比一个足不出户的人见多识广。

(6) 修炼处世的风度

风度是不拘一格的，风度是不可以模仿的，风度更是一个人独有的个性化标志。人人都希望自己有美的风度，大学生更不例外。在平时的生活学习中，我们也在不断培养、修炼着美的风度。但是，其中却不乏有人单纯地追求那种时髦的外在表现，衣着华丽，仪表堂堂，却举止粗俗，令人生厌。

培养美的风度，要先培养我们的人格。人格的培养，决不是一两天的事，要贯穿于学习生活的过程中，贯穿于每一件事、每一次活动中。交往中既不仰视讨好"位尊者"，也不藐视冷落"位卑者"，上交不谄，下交不渎。凡事先人后己，严于律己，宽以待人，急人之难。

培养美的风度，要不断增长自己的聪明才干。除了学好专业知识，还要有选择地阅读哲学、历史、天文、地理、文化艺术、社会科学等方面的知识。业余爱好也应兼修，琴棋书画、诗词歌赋也应略知一二。多才多艺，能给自己增添一种无穷的人格魅力。

培养美的风度，要正确认识自身个性和扮演的社会角色。个性，是我们对待现实的稳固态度以及与之相适应的行为方式的独特结合。个性不同，风度迥异。像苏轼豪壮奔放，李清照抑郁神伤，从他们各有千秋的诗词中可以领略不同的个性风度。大学生还应该适应和扮演好自己的社会角色，我们的学习方式、生活习惯、行为方式、交友方式等都要有意识地加以改变，加快自身社会化的速度，形成大学生特定的公民角色，所作所为要展示出与人们对大学生这个群体的角色期待相符的风度。

培养美的风度，要讲究谈吐的高雅。谈吐之高雅，在于言之有理有据，有一种自然的吸引力使人听得入迷，"听君一席话，胜读十年书"。高雅的谈吐是无法修饰的，卖弄华丽的辞藻，只会显得浅薄浮夸或者酸味十足。在大学阶段，我们有很多训练的机会，大到演讲、辩论，小到课堂上发言、闲暇时的聊天，都是训练自己谈吐的绝好机会。

培养美的风度，要保持饱满的精神状态。精神状态与一个人的人生观有着密切的联系。人生的道路是坎坷的，成功与失败、顺利与挫折、幸福与不幸、获得与失去总是交织在一起。我们要树立正确积极的人生观，更多地看到生活中光明的一面，以一种奋发向上的精神和勇气去正视现实，追求生活。

培养美的风度，还要有得体的仪表和神态。一个人的仪表魅力不只取决于长相和衣着，更在于人的气质和仪态，这是人内在品格的自然流露，徒有其表而缺乏礼仪只会给人"中看不中用"的印象。一个人的神态表情是其风度的具体表现方式。

（7）修炼立业的气度

气度，是心理承受的能力，是一种对人对事物的态度反馈。如"愈挫愈勇""屡败屡战"是我们对人、对事物的态度，实质上就是一种大气度。气度似乎非一般人所能拥有，它是强者的品质，是智者的胸怀。气概气度在幼年时即可培养，气概气度越大，精神的支配力量就越大，成就与贡献也就越大。

气度需要通过时间的磨炼、知识的沉积、阅历的增长而养成。大学是人生最重要的转折点，什么是我们最重要的，自己最需要什么，人生怎么度过，目标如何实现，这些问题都是需要我们认真琢磨的。在人生的历程中充满了太多不可控因素，有太多的不公平让我们年轻人失望、委屈、气愤、沮丧，容易沉不住气，这个时候，有多大的眼界、心胸、气度就可能决定我们人生的机遇是否出现。就像我们的国家一样，正在逐渐强大而且越来越被世界尊重。与此同时，中国在与世界的交往中所触及的利益面也越来越宽，随之而来的各种矛盾与冲突在我们面前此起彼伏。这个时候，

我们要思考的问题就不只是"中国的腰杆硬不硬",而是"中国的气度够不够大"以及如何积极协商、灵活协调各种矛盾,力求创造多赢的局面。

在修炼气度的过程中,我们需要"吾日三省吾身",时刻警示自己。面对现实中的形形色色,我们是否悲哀自己的不幸,是否恼恨他人的幸福;遇事总是从个人角度考虑问题而不去换位思考别人的感受和想法;是否知道自己不是什么都可以做到最优秀;是否只接受别人的优点,不能包容别人的缺点;是否懂得付出,愿意帮助他人;是否不计前嫌,不抱私怨;是否有功劳自己就炫耀;是否埋头走自己的路,让别人去说;是否勇于迎接挑战,敢于攻坚克难;是否关注自己周围的环境,关心更高层次的事物。有这样一句话:"多读书养才气,慎言行养清气,重情谊养人气,能忍辱养大气,温处事养和气,讲责任养贤气,系苍生养底气,淡名利养正气,不媚俗养骨气,敢作为养浩气。"这,就是我们提升气度、完美人生的必由之路。

没有好的德行难以在社会上立足,没有好的气度难以比他人高出一头。"海纳百川,有容乃大;壁立千仞,无欲则刚。"这是林则徐自题于他的厅堂的对联,意思是人要有"海"的气度,石壁的"坚定正直"。愿我们以此共勉,不断提升"七个度",成就更好的自己。

6. 你才能决定你的生命有什么可能

没有最好的,只有更好的,对大学生来说,最重要的是如何选择"更好的"。职业的选择与发展正是在一次次变得"更好"的轨迹上得到自我实现。当下,时间正在流逝,每分、每秒的流逝,鞭长莫及。大学生现在能做的唯有定位好人生,确定目标,努力前行,最后笑傲江湖。

（1）你的生命有什么可能

过去，已是历史；未来，自己把握。未来的路是我们必然的选择，可又充满着许多未知，令人难以捉摸。因为未来不可预料，所以才让人如此着迷。只有用双手才能将你生命中的种种可能化为现实。

还记得你初入高中时雄心壮志的模样吗？还记得高三伏在课桌上奋笔疾书的样子吗？我相信，那时候你一定有一个梦想，这个梦想可能是关于明天、关于大学或关于未来。当高考尘埃落定，有人欢喜有人愁，最终你被一所大学录取。无论这是不是你心仪的大学，你最后都提着大包小包在那一年的夏天，伴随着酷夏的阳光，眯着眼站到了这所大学的校门口。你长舒了一口气，踏着坚定的步伐走了进去。

不管一路走来是跌跌撞撞还是水到渠成，这一切都值得庆祝。今天，你终于成了别人家的孩子，成了街坊邻居嘴里的那个榜样。这时你有没想过，现在的一切都是你想要的吗？你到底是为了什么读大学？是父母的期望，还是高中老师的谆谆教导？你想在大学里得到些什么？这里有太多的问题等着我们用行动来解答。

案例——比尔·盖茨与马云

比尔·盖茨13岁开始学习计算机编程，18岁考入哈佛大学，并在一年以后从哈佛退学，在年仅19岁的时候建立了后来名声大噪的微软公司，占据《福布斯》全球富人榜中的第一足足23年。

众所周知的马云，两年才考上高中，首次高考落榜后的马云和弟弟一起去应聘一家酒店服务员的工作，结果弟弟被录用，而马云却因长相瘦矮惨被拒绝。在第二次仍然落榜的情况下，他不顾家人的反对参加了第三次高考，由于优秀的英语成绩被杭州师范学院破格升入外语本科专业。通过大学四年努力的学习和成长。毕业后的马云一路经历挫折，卖过鲜花，卖过礼品，创业10年的马云破茧成蝶，终将阿里巴巴做到上市，成为华人首富。

你不是比尔·盖茨,也不是马云,更不是成功的某某,他们的成就已成定局,而你的未来还充满未知,还有无限的可能。也许在这一生中你会遇到很多不如意的事情,比如进入了一所自己不喜欢的大学,读了一个自己不喜欢的专业。但这都不是你在大学里面肆意潇洒、逃课疯玩、自甘堕落的借口。在茫茫沙漠里面有一种植物,叫作骆驼刺,它能在沙漠极其恶劣的情况下,扎根几十米寻找水源。所以我一直坚信真正强大的人,即使在最恶劣的环境,也能开出倔强的花朵。

无论你过往承受了多少褒奖或是冷眼,当你踏入大学校园的那一刻开始,一切的过往已成定局。未来这一张空白的纸张,到底是"长风破浪会有时,直挂云帆济沧海"的凌云壮志,还是"万山深处断人烟,溪水潺潺接涧泉"的超然物外,全看你自己的决定。

(2)你想成为一个什么样的人

一个人能成为什么样的人取决于他想成为什么样的人。哈佛大学有一项研究表明,一个人的成功85%取决于态度,而只有15%的因素是专业技能。这里所谓的态度就是你思想的深度以及执行力。

案例——好学生与差学生

小A不负父母期望终于考上了国内数一数二的名牌大学,进入了金融系,在大学期间,没有了老师的严厉督促和严格要求,大学四年沉迷游戏,虽然从不逃课,但是在课堂上玩手机、睡觉。大学毕业后,一无所长的小A求职不断受挫。虽手拿名牌大学毕业证却找不到合适的工作,最后竟然自谋出路选择"陪聊",被央视名嘴马斌在《马斌读报》中批评"不好好学习,无所事事,不学无术"引发网络热议。

在久职教育里有一个学生叫李琳,高考失利,考得并不如意的她最终就读于重庆电子工程职业技术学院,这只是一个专科院校,她原本的目标是重庆大学，巨大的落差感让她在大学期间一度颓废。因为机缘巧合在久职教育遇见了我，在跟她促膝长谈了一下午后，了解到她喜欢金融并对数字特别敏感，在高中的时候数学也是最擅长的一门学科。然而她现在学习的是市场营销专业，并不是自己喜欢的专业，而且她有一点儿内向。我结合她现阶段的状态为她制订了一系列规划，让她在周末业余时间里学习大量金融学的基础知识，并结交了很多优秀的学员，然后利用寒暑假，把她推荐到证券公司去实习，了解现在金融界的行情和实操。当自己的室友、同学在玩的时候，她在努力。毕业以后，虽然她只是一个专科文凭，凭着优秀的实习经历和良好的人际交往能力，最终在毕业两年后，达到月薪1万多。

大学只是一个平台，就像一把双刃剑，用得好，它可以成为你一路披荆斩棘的武器，用得不好，它可能只能用来切菜煮饭，甚至有可能只是一块废铁，一文不值。所以大学读得好不好，重点不在大学。每个大学都会有寝室、操场、教室、图书馆，不同的是你是用寝室打游戏看电视剧还是学习，用操场跑步还是谈恋爱，用教室自习还是玩手机刷微博。因此所读的大学和所学的专业并不能决定未来。

（3）你才能决定你的生命有什么可能

大学是让你成为一个有思想会学习的人，而非是拿着一纸文凭就出校门的高分低能儿。你是愿意随波逐流，还是愿意迎难而上；你是要成为造福社会的精英，还是成为庸碌无为者之一。

成功三部曲：我想成功、我要成功、我能成功。

所以，你准备好了吗？

案例——寒门贵子

前些日子有一个在银行工作了十年的资深 HR（人力资源管理师）在网络上发表了一篇帖子叫作《寒门再难出贵子》，意思是当今社会，寒门的小孩儿要想出人头地，要想成功，比我们父辈的那一代更难了，这个帖子引起了特别广泛的讨论，你们觉得这句话有道理吗？

英国有一部纪录片叫作《人生七年》，片中访问了十二个来自不同阶层的七岁的小孩，每七年再回去重新访问这些小孩儿，到了影片的最后，就发现富人的孩子还是富人，穷人的孩子还是穷人，但是里面有一个叫尼克的贫穷小孩儿，他到最后通过自己的奋斗变成了一名大学教授，可见命运的手掌里面还是有漏网之鱼的，而且现实生活中寒门子弟逆袭的例子更是数不胜数，所以当我们遭遇失败的时候，我们不能把所有的原因都归结到出身上去，更不能去抱怨自己的父母为什么不如别人的父母，因为家境不好并没有斩断一个人成功的所有可能。当我在人生中遇到很大困难的时候，我就会在北京的大街上走一走，看着人来人往，而那时候我就想"刘媛媛，你在这个城市里面真的是无所依靠，你有的只是你自己，你什么都没有，你现在能做的就是单枪匹马在这个社会上杀出一条路来。"

我们大部分人都不是出身豪门的，我们都要靠自己，所以你要相信，命运给你一个比别人低的起点是想告诉你，让你用你的一生去奋斗出一个绝地反击的故事，这个故事关于独立、关于梦想、关于勇气、关于坚忍，它不是一个水到渠成的童话，没有一点点人间疾苦，这个故事是有志者事竟成，破釜沉舟，百二秦关终属楚，这个故事是苦心人天不负，卧薪尝胆，三千越甲可吞吴。

这是优秀演说家刘媛媛获得冠军时候的演讲稿，也是在久职的所有学员必须要求去看的一场演讲。因为在这里的学员中很多同学都不是大富大贵，而是出生在一个普通平凡的家庭，家里所有的希望都寄托在他们身上，家里的重担压在他们瘦小的肩膀上，他们不能不努力。而这篇演讲给予无数人走出人生低谷的力量，在此我希望这份力量也能传递给你。

你的价值取决于你所创造的价值，所以丰富自己的大学生活，而不是在大学过着教室、食堂、寝室三点一线的生活。让自己成为有价值的人。当周围同学朋友在进入大学之后都踌躇彷徨时，你更应该重拾摒弃已久的梦想，并且坚定不移地朝它前进，紧紧抓住命运之手。决定自己的命运，实现自己的理想！

让毕业后的你，感谢现在的自己。

别等到毕业后才后悔，你的未来，明明可以比别人更好。

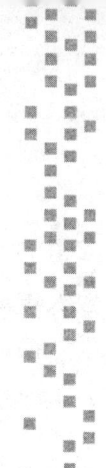

第七章

交际口才：
说有分量的话，做有分量的人

你不仅是一名在校学生，更是即将踏入社会大学的一员。踏入社会，是人生梦想开始的地方。如何成为一个有影响力的人？怎样进行公众演讲，随时随地开口讲话，成为众人的焦点？如何打造自己的人脉圈？

一语胜千言，开口就能说重点，在任意场合说服任何人，你才能力挽狂澜，走向卓越！

1. 社交不靠谱，人生没助力

21 世纪，信息化普及进入人们日常生活。微信、QQ 聊天，取代了二十世纪八九十年代找朋友嗑瓜子的社交模式；知乎提问、百度解惑取代了父辈时期与志同道合者的坐而论道。虽然网络高效便捷，但无形中在人们之间竖起了一道墙。从什么时候开始，我们在饭桌上各自玩手机沉默不语，习惯了一个人吃饭睡觉打游戏。人与人之间的交集减少了，共鸣降低了，人际关系也慢慢疏远了。

虽然社交方式越来越多，但对你的社交能力要求越来越高，在这个不断变化的社会中，要学会运用社交媒体和各种交际方式，构造自己的社交圈子，从而助力我们的人生！

（1）大学生社交能力现状

第一，缺少知心朋友。这部分大学生通常能正常交往，人际关系也不错，但缺乏能配合默契、同甘共苦、说心灵深处秘密的知心朋友，为此，有时不免感到孤独和无奈。很多学生刚到久职的时候跟老师说，在大学里面，每天上课不再是固定的教室，每天看到同学的机会也就是上课期间，下课后就各自离开。没有交流的机会，大学同窗关系基本靠班级的QQ群、微信群来维系着。

第二，与个别人处理不好关系。这部分大学生与多数人交往良好，但与个别人交往不良，他们可能是室友、同学或父母等与自己关系比较近的人。由于与这些人相处不好，常会影响情绪，成为一块"心病"，久久在心里不能平衡。这样的心态，也影响着后面与人结交时信任的建立！

第三，与任何人都能平淡交往。这部分大学生能与他人交往，但总感觉与人相处的质量不高，缺乏影响力，没有关系比较密切的朋友，多属于点头之交，没有值得他牵挂，也没有人会想念他，他们难以保持和发展良好的人际关系。这类学生会感到空虚、迷茫、失落。等到读完大学几年过后，发现什么都没有给自己留下。

第四，社交恐惧症。这部分大学生对人际交往特别敏感、害怕，极力回避与人接触，不得不交往时则紧张、恐惧、心跳加快、面红耳赤，难以自制，总是处于焦虑状态。他们害怕自己成为别人注意的中心，害怕自己

在别人面前出洋相,害怕被别人观察。总担心自己会出现错误被人嘲笑,总处于一种莫名的心理压力之下,对于他们来说社交就是一件极其恐怖的任务。

案例——曾经的她

唐同学,女,19岁,是重庆某高校一年级的学生。人小体弱,情绪消沉,说话低声细语,羞怯而不自然。她自称经常无法入睡,睡眠质量很差,无法坚持学习,心情很糟糕。经仔细询问深谈才知道她与同学关系不和,致使自己孤独苦闷。

唐同学来自于重庆的一个偏僻乡村,父母都是农民,母亲积劳成疾,患有多种疾病,家庭比较贫困,姐弟二人。她性格内向,不善言语,喜欢独来独往,很少与人交往。但她从小很节俭,从不与同学攀比,学习刻苦,成绩优异。然而自从上了大学,她发现以前的生活方式完全不适合大学生活。她想融入班集体中,却不知道如何与人交往,怎样处理宿舍室友之间、班级同学之间的人际关系,这使她伤透了脑筋。

几个月下来,她和班上同学相处很不融洽,跟同宿舍室友曾经发生过几次不小的冲突,关系相当紧张。她经常独来独往,基本上不和班上同学交流,集体活动也很少参加,与同学的感情淡漠。她觉得自己没有一个能相互了解、谈得来的知心朋友,常常感到特别的孤独和自卑,长期的苦恼和焦虑使她脾气变化特别大。经常的失眠和头痛使她精神疲惫,体质下降。

她本想通过埋头学习来减轻痛苦,然而,事与愿违,由于她学习精力很难集中,效果很差,成绩急剧下降,后来竟出现考试不及格的现象。她感到恐慌,失去了坚持学习的信心。这种心理使她逐渐对大学生活失去了兴趣,迷失在自己编织的网中,一度出现自暴自弃的现象。

和唐同学交流过后,我们知道了她的基本情况,发现她出现了社交恐惧。人与人的沟通、交往是需要一定能力的，该同学因为自身性格和家庭环境，不善于与人交流，缺乏人际交往的能力。平时她不爱说话，经常独来独往，不善于为人处事，缺乏这方面的锻炼，造成了与宿舍同学和班级同学不融洽的局面。当与同学发生矛盾或冲突后，她束手无策，不会去化解矛盾，改善关系。人际交往能力的缺陷是导致她陷入困境的一个重要因素。

（2）提高大学生社交能力，助力美好人生

卡耐基说过："一个人事业的成功，只有15%是由于他的专业技术，另外85%要靠人际关系和处世的技巧。"

人际关系的好坏关乎你能否在社会上立足，特别是在中国这个人情社会，对于我们大学生来说，拥有良好的人际交往能力不仅是生活的需要，更是走向社会的需要。人际交往是每个大学生不可缺少的"必修课"，通过这种能力，建立起自己的社交圈子，努力扩大自己的朋友圈。圈子就是一个"圆"，众所周知"圆"的大小是由半径决定的，那么如何在大学期间扩大自己圈子的半径呢？

第一，进入学生会或者社团。社交不是单独的个体活动，所以提高社交能力的有效途径之一是参加团体活动，这样能快速锻炼你的社交能力。除了加入学生会或者社团，依然有很多渠道可以提高你的社交和组织能力，但对于学生来说，学生会或者社团是最常见的平台。

第二，加入班委会。在一个班级里面有几十人，当你组织活动或者和同学交流，都会对你的社交能力有所提升。就像班委经常会和老师同学进行交流，拥有更广的交际面，也更有机会被老师推荐参与一些学生会和一些社会实践，这对个人来说是非常有益的。

第三，加入学生组织机构。校园里会有公益团体之类的组织机构，他们会经常组织同学参加公益活动，比如帮助孤寡老人、关爱留守儿童等。在这里你会交到很多有爱心、有志向的朋友，也会增加一定的社会阅历，

在提升自己交际能力的同时，还可以培养自己的爱心。

第四，社会培训机构。这是和学生会、社团不一样的组织，在这里你不仅可以了解自己感兴趣的社会信息和学习课本里没有的知识，还可以结交很多志同道合的朋友。这些机构也经常举办一些大型的户外活动，比如久职教育曾举办"急夜行军""两天一夜"等活动，面向的群体是所有高校，这些也会大范围地扩充你的社交圈子。

案例——社交带来健康的生活

张同学是重庆某高校大一的学生，家教传统，父母望子成龙。初、高中阶段，在校住宿，由于青春期叛逆缺少与父母沟通交流，沉迷网游，遭班主任责骂，导致害怕与老师讲话。随后发展成不敢与陌生人交流。进入大学后情况更为严重，已经有了自闭症的倾向，并为此焦虑和痛苦。

后来，张同学在朋友的带领下来到了久职教育，通过一系列的开导和锻炼，终于开始相信伙伴，并一点一点地改变着，从最初的只言片语，到现在和陌生人也能侃侃而谈，还在我们的鼓励下，去参加了学校的演讲比赛，勇敢地在舞台上展示自己。也在久职教育认识了许多临近院校的同学，并和他们成了无话不说的好朋友，现在的他和室友、同学经常一起吃饭唱歌，性格也开朗了好多。不仅扩大了自己的朋友圈，社交也慢慢地变得自然！

通过这些方法，你会渐渐地发现，自己的社交能力会有意想不到的改进。在学校里，每一个朋友都可以成为你的良师，他们的热心、幽默、机智、博学、正直、礼貌等品德都可以成为你学习的对象。当然，你也应当慷慨地帮助每一个朋友，试着做他们的良师和榜样，如此以来你的身边会有越来越多的朋友，圈子也就越来越大，层次也会越来越高，以至在以后的生活中携手共进，为自己的人生助力！

2. 黄金人脉——你的圈子，你的高度

"一个人能否成功，不在于你知道什么，而在于你认识谁。"现代管理学中常说："人脉决定圈子，圈子决定高度"，人脉影响着每个人的前途。我们既然争相要做命运的主人，那么必须先重视个人上限会深受人脉圈子制约的事实。

案例——朋友圈的启示

某高校的小郭是个典型的创业狂人，大学毕业后他凭借自己的能力很快在一家企业立足，但是做了仅仅半年，他就选择了辞职。对于他的决定大部分人都会觉得有些冒险，他却说："趁着年轻，多拼搏一下挺好的。"

小郭创业后，很快重新整理自己的微信朋友圈，以前一些基本不联系的朋友他全部删掉了，一直抱怨创业有多苦的朋友也删掉了，还删掉了那些每天无聊自拍晒娃到处旅游的朋友。为了实现自己的梦想，小郭开始了自己全新的人生。

很快，小郭的朋友圈里几乎都是积极向上的人，每个人每天都有很高的工作激情，他说："只有在这样的环境中，我才知道自己做什么，遇到苦难我才不会给自己退缩的理由。"

有一次，一个关系挺好的朋友在微信上找不到他，这个人在大学里和小郭是好兄弟，后来这个朋友问小郭为什么把他删除了时，小郭说："我和你当然还是好兄弟，但是你每天都在朋友圈里抱怨，散播负能量，这让我感觉非常不舒服，因此就删除了。"

小郭说,那段时间他最不想看别人的抱怨,因为自己做足了准备要追求梦想,他害怕朋友的负面情绪会影响自己的决心,他怕自己会在创业的关键时期失败,因此他只能让自己的朋友圈充满正能量。

在这种努力下,小郭终于创业成功,和朋友们一起喝酒庆祝那天,他说:"在朋友圈里,你必须找到和你一样的人,他们不仅是你亲密接触的优秀者,而且每天还可以让你和更多优秀的人朝夕相处,他们能给你带来意想不到的收获。"

"你有什么样的朋友圈就注定会有什么样的人生层次",小郭如是说。在人生的道路上,一个高质量的人脉圈子会让你的人生更精彩。

良好的人际交往能力以及良好的人际关系是每个人生存和发展的必要条件。大学生作为一个非凡群体,面对激烈的竞争和日益强大的社会心理压力,如何熟悉和正确处理大学生人际交往中存在的问题具有极其重要的意义,人际交往障碍会给大学生的学习、生活、情绪、健康等各个方面带来一系列的不良影响;团结友爱、朝气蓬勃的人际交往环境,有利于大学生形成和发展健康的个性品质。社会生活中的每一个人都生活在人际关系网中,每个人的成长和发展都依存于人际交往。

(1) 人脉不是你认识多少人

人际关系的好坏往往是一个人心理健康水平、社会适应能力的综合体现。现代社会是一个开放的社会,对于正在学习、成长中的大学生来说,人际交往是生活的基本素质之一。同学之间、师生之间、同乡之间、室友之间、个人与班级以及和学校之间有着错综复杂的社会交往,这便构成了大学生人际交往的网络系统。

人脉的意义不在于你认识多少人,而是有多少人认识你,认可你。人脉不是你与多少人打过交道,而是多少人愿意主动和你打交道。人们为什么愿意和你打交道,我们怎么能够做到让更多的人愿意和我打交道?这就是人脉竞争力。

一个人脉竞争力强的人,他拥有的人脉资源相较别人更广更深。在平时,这个人脉资源可以让他比别人快速地获取有用的信息,进而转换成工作升迁的机会,或者财富;而在危急或关键时刻,往往可以发挥转危为安、甚至临门一脚的作用。

(2) 建立长久的人脉

首先,增加自己被利用的价值。即我们能为他人提供什么帮助。如果你不会被人利用,说明你不具备价值,你越有用,就越容易建立坚强的人脉。

其次,向他人传递自己的价值。在人际交往中,要善于向别人传递你的"可利用价值",从而促成交往的机会,彼此更深入地了解和信任对方。

再次,向他人传递他人的价值,成为人脉的枢纽。你有自身的价值,你身边的很多人也各有自己的价值,把他们联系起来,以便彼此传递更多的价值。如果你只是接受或发出信息的一个终点,那么人脉产生的价值是有限的;但如果你成为信息和价值交换的一个枢纽,那么别的朋友也更乐意与你交往,你也能够促成更多的机会,从而巩固和扩大自己的人脉。

最后,以诚待人。提升自己,是增加人脉的基础。尽管如此,我们在生活中,不应抱着目的与别人交朋友,应有一颗诚实的心,还有随和的性格,不要总挑剔别人的缺点。每个人都有自己的缺点,总是挑别人毛病,这样的友谊也是很难长久的。用你最真诚的心去对待你身边的人,你就一定会交到好朋友。

(3) 拓展人脉的三个条件

自信。你首先必须自信。没自信的人,总是害怕被拒绝,不愿甚至不敢主动与人交往,如何去拓展人脉?大家有没有这样的经历:参加一些聚会,你会有些害羞,驻足人海不知所措,举目四望想找到熟悉的人交谈,如果再能与好友约坐一桌,不接触陌生人,这次聚会也就天下太平了。大

家想想，怀才不遇的你，虽深谙聚会充满拓展人脉的良机，却因为缺乏自信，白白错过这些机会，实在可惜。

沟通。沟通是我们与生俱来的能力。刚出生的我们就会用哭声告诉世界——"我来了！"有了沟通双方才能了解彼此，获知对方的需求、渴望、能力与动机，并给予适当的反应。如何沟通？建议先从学会倾听开始。能够倾听是幸运的，对方愿意主动与你"破冰"，是交流的良好开端。会说话，先要会听话，哪怕对方言语你毫无兴趣，仍能听得一本正经、听得津津有味，继而适当补充、引申一两句。对方一吐为快，又与你产生了共鸣，自然莫逆于心，甚是投机。懂得倾听并非要我们做一个虚伪、谄媚的人，而是要带着尊重彼此的心态去沟通。别人有心与你相识，即使方式乏善可陈，也不应轻易剥夺别人说话的权利，尊重别人，即是尊重自己。倾听不是听话剧，更不是听喜欢的音乐，而是听一种美德和涵养。

赞美。不要吝惜赞美他人。大家问问自己，你更喜欢听好话，还是听坏话？答案是毫无疑问的。即使好话如"糖衣炮弹"，坏话如"苦口良药"，但我们依然乐于享受虚荣带来的内心舒适感。可见，我们人类天生就爱听好话，至于某些好话是不是真的好，也是需要放在后面再考虑的事，无数事实证明好听的话确实能使人心情愉悦，有助于活跃气氛。学会赞美他人，并非巧舌如簧、夸夸其谈，学会发现对方的优点，进而发自内心地赞美对方。如果你拙于表达，担心言多必失，那些简易、传统礼仪性的言语也是不错的选择，给人留下不善言辞的印象，总比"说错话"的尴尬局面要好得多，所以要稳中求胜。

（4）职场上的"贵人"

几家欢喜几家忧，是职场上的一种常态。机会不同是一大因素，要靠自己争取和把握，但很多时候机会却是与你的职场"贵人"有着直接或者间接联系的。职场贵人，就是能对你的职业发展或规划有关键性帮助的人，可以说是职场上的伯乐。他们所处的位置和扮演的角色可以多种多样，但对你事业的提升会有显著效果,每一位职场人都应有自己的贵人。通过"贵人"的引荐或提拔,甚至是影响,可以为你赢得更多的机会和更广阔的舞台。即将踏上职场的你,如何发现这位"贵人"?——良好的心态,善于观察的眼睛,以及令"贵人"愿意帮助你的能力和素质。

3. 高效沟通——亲近你我,乐在沟通

沟通对于人类来说,如同吃喝一般是最基本的需求。人终要踏入社会,必然要沟通交流,想要在社会中发展得如鱼得水,你必须拥有良好的交际沟通能力。罗斯福说:"成功的公式中,最重要的一项因素是与人相处。"人际沟通的技巧方法是生活中每个人所必须学习的。

(1)沟通是成就人生的首要能力

人从自然人向社会人转化的过程中离不开与人交流沟通。人际沟通是人类社会交往最重要的方式,人们之间传递信息借以沟通思想、交流情感,是人类群体进步也是人类社会形式的开端。如果你长期面对的只是手机和电脑,缺少现实交际,那么你的口头表达能力和反应思维都会迟钝。

沟通是人与人之间传递信息、传播思想、传达情感的方式;是一个人获得他人思想、情感、见解、价值观的一种途径;是人与人之间交往的一座桥梁,通过这个桥梁,人们可以分享彼此的情感和知识,消除误会,增进了解,达成共同认识或共同协议。在大学有这样一个真理,"师生不沟通,校园悲剧层出不穷"。只有与人良好的沟通,才能获得他人的倾力相助。

（2）人际沟通的原则

相互性原则：人际关系的基础是彼此间的相互重视与支持。任何个体都不会无缘无故地接纳他人。喜欢是有前提的，相互性就是前提。人际交往中的接近与疏远、喜欢与不喜欢是相互的。

交换性原则：人际交往是一个社会交换的过程。交换的原则是：个体期待人际交往对自己是有价值的，即在交往过程中的得大于失，至少等于失。人际交往是双方根据自己的价值观进行选择的结果。

自我价值保护原则：自我价值是个体对自身价值的意识与评价；自我价值保护是一种自我支持倾向的心理活动，其目的是防止自我价值受到否定和贬低。由于自我价值是通过他人评价而确立的，个体对他人评价极其敏感。对持肯定态度的他人，个体对其认同和接纳，并同样投以肯定与支持；而对持否定态度的他人则予以疏离，此时可能激活个体的自我价值保护动机。

尊重对方：人都需要别人的尊重。如果人际交往中，对方感到你不尊重他，沟通必然受阻；如果对方感觉到你要改造他，很可能会因感到压力而拒绝你的帮助。所以人际交往中，尊重对方是建立良好关系的首要条件。

态度热情，使对方感到温暖：热情的表达方式，让对方能更容易地接受你，说话要有礼貌，带着自然的微笑、慈善的目光等行为都能快速拉近双方的关系，热情要掌握尺度，过度的热情会让人不自在并且难以接受。

真诚：指在人际交往中，以"真正的自我"出现。真诚不等于只说实话，当然原则是不伤害对方的自尊和人格。真诚不是自我发泄，人际交往中，能谈谈自己的内心真话，是使对方感到你为人真诚的方法之一。但要避免在对方面前发泄自己的负面情绪。不要刻意掩饰自己，不懂装懂。以"不虚伪"为原则，真诚是内心情感的自然流露，对人有基本信任，对对方充满亲切和爱护，同时真诚要建立在接纳自己、自信、谦和的基础上。

通情达理：即设身处地地理解对方，体验对方的内心世界，理性地考虑和回答对方的问题，重点是要走出自己的参照框架，进入对方的参照框架，把自己放到对方的地位和处境上，来尝试感受他的喜怒哀乐。

（3）人际沟通技巧四要素：真诚、信任、克制、热情

真诚的心能使交往双方心心相印，彼此肝胆相照，真诚的人能使交往者的友谊地久天长。

信任就是要相信他人的真诚，从积极的角度去理解他人的动机和言行，而不是胡乱猜疑，相互设防。

与人相处，难免发生摩擦冲突，克制往往会起到"化干戈为玉帛"的效果。但克制并不是无条件的，应有理、有利、有节。

热情能给人温暖，能促进人的相互理解，能融化冷漠的心灵。为此我们要学会主动与人交谈，脸上时常带着微笑，用你的真挚与热忱，让别人更愿意和你交流沟通，表现你的友善及愿意帮助他人的意愿，这样才能相互信任。

在沟通交流中我们要做到如下表所示：

慷慨赞美	尤其是坦白地讲出你内心的感受、感情、痛苦、想法和期望，但决不是批评、责备、抱怨、攻击
不批评不抱怨	批评、责备、抱怨、攻击这些都是沟通的刽子手，只会使事情恶化
互相尊重	只有给予对方尊重才有沟通，若对方不尊重你时，你也要适当地要求对方的尊重，否则很难沟通
决不口出恶言	恶言伤人，就是所谓的"祸从口出"
不说不该说的话	如果说了不该说的话，往往要花费极大的代价来弥补，正是所谓的"一言既出、驷马难追""病从口入，祸从口出"，甚至还可能造成不可弥补的终生遗憾
有情绪时不要沟通	有情绪时的沟通常常无好话，既理不清，也讲不明；尤其有情绪时，很容易冲动而失去理性

续表

理性的沟通	不理性只会引发争执不会有结果，更不可能有好结果，所以，这种沟通无济于事
觉　知	不只是沟通才需要觉知，一切都需要。如果自己说错了话、做错了事，如不想造成不可弥补的伤害时，最好的办法是什么？"我错了"，这就是一种觉知
承认"我错了"，勇于说"对不起"	承认"我错了"是沟通的消毒剂，可解冻、改善与转化沟通的问题。说"对不起"，不代表我真的做了什么天大的错误或伤天害理的事，而是一种软化剂，使事情终有"转圜"的余地
耐　心	善于倾听，尊重他人，在别人讲话时不要轻易打断，适时地点头赞同更是有涵养的体现

（4）有效沟通的五法则

第一，自信的态度。一般事业有成的人士，他们不随波逐流或唯唯诺诺，有自己的想法与作风，很少对别人吼叫、谩骂，甚至连争辩都极为罕见。他们对自己了解得相当清楚，并且肯定自己，他们的共同点是自信，有自信的人常常是最会沟通的人。

第二，体谅他人的行为。这其中包含"体谅对方"与"表达自我"两个方面。所谓体谅是指设身处地为别人着想，并且体会对方的感受与需要。在经营"人"的事业过程中，当我们想对他人表示体谅与关心时，唯有我们自己设身处地为对方着想。由于我们的了解与尊重，对方也相对体谅你的立场与好意，因而做出积极而合适的回应。

第三，适当地提示对方。产生矛盾与误会的原因，如果是出自于对方的健忘，我们的提示正可使对方信守承诺；反之若是对方有意食言，提示就代表我们并未忘记事情，并且希望对方信守诺言。

第四，有效地直接告诉对方。一位知名的谈判专家分享他成功的谈判经验时说道："我在各个国际商谈场合中，时常会以'我觉得'（说出自己的感受）、'我希望'（说出自己的要求或期望）为开端，结果常会令人非常满意。"其实,这种行为就是直言不讳地告诉对方我们的要求与感受,若能有效地直接告诉你所想要表达的内容,将会有效帮助我们建立良好的人际网络。但要切记"三不谈":时间不恰当不谈,气氛不恰当不谈,对象不恰当不谈。

第五,善用询问与倾听。询问与倾听的行为,是用来控制自己,让自己不要为了维护权利而侵犯他人。尤其是在对方行为退缩、默不作声或欲言又止的时候,可用询问行为引出对方真正的想法,了解对方的立场以及对方的需求、愿望、意见与感受,并且运用积极倾听的方式,来诱导对方发表意见,进而对自己产生好感。一位优秀的沟通好手,绝对善于询问以及积极倾听他人的意见与感受。

一个人的成功,20%靠专业知识,40%靠人际关系,另外40%需要观察力的帮助,因此为了提升我们个人的竞争力,获得成功,就必须不断地运用有效的沟通方式和技巧,随时有效地与"人"接触沟通,只有这样,才有可能使你事业成功。

4. 为优秀的演讲做好准备

在久职教育,我经常会听到学生跟我说,不敢当众说话,或当众说话时脸红心跳,紧张到忘词,内心恐惧万分,甚至不知道该说什么。尤其是在演讲时不知道怎么说,常常思维短路、卡壳。就算终于有话可说了,也经常是空洞、言之无物、条理混乱的。还有些学生胆量够了,可是说话缺少吸引力,没有说服力,不能达到预期效果,常常给人感觉没有文采,没有新意,人云亦云。因此我们在演讲前就应该做好万全的准备,从而成为一个优秀的演讲者。

（1）演讲前的心理准备

在演讲过程中，很多人容易过度紧张，导致脑子一片空白。针对这种情况，首先要明确一个概念：哪怕是身经百战的演讲者，在站在台上的时候，也会紧张。

演讲前的心理准备，如何才能克服紧张的情绪呢？

第一，在发言前，做最充分的准备和最坏的打算。俗话说："不打无准备之战。"在发言前，相信自己演讲的选题能够吸引听众；准备演讲所需的材料搜集完备；演讲稿紧扣主题，安排有序；对演讲稿非常熟悉，能够很好地掌握演讲时间。同时要考虑到各个方面的不利因素，比如演讲场地、演讲时间、听众人数等客观因素发生变化等。提前做好心理准备迎接可能来自听众的各种各样的刁钻问题，尽量多准备一些假想的问题的答案。

可以先做适应训练。车尔尼雪夫斯基说过："想不清楚的东西也就说不清楚，言语的不准确和混乱只能使思想更加混乱。"把问题想清楚了，自然而然地就会条理清楚，娓娓道来。

第二，要有自信心。爱默生说："自信是成功的第一秘诀。"心态往往能够决定成败，相信自己能行，就能把事情做好，有了自信，就会产生一股强大的力量，克服恐惧。要有自信心，告诉自己是最棒的，自己做了充分的准备，一定能够在演讲当中表现出色。这样给自己积极的心理暗示，对缓解紧张十分有利。

第三，紧张时要学会放松心情。深呼吸是缓解情绪最快、也是最有效的方法。当你感觉心跳加快时，赶紧做几次深呼吸，可以使心情快速平静下来。上台之前调整好呼吸，反复握紧拳头然后慢慢放松，这些方式都有助于演讲者缓解紧张。

第四，把你的听众当成朋友，不要害怕听众。当你发言时，听众无法感知你的紧张，也看不到你内心深处的思考。很显然，面对听众，你就把听众当成你的朋友，像面对老朋友一样去表达，你自然就会放松下来。

　　第五，掌握一些演讲时的小窍门。诀窍之一就是一面进行演讲，一面从听众当中找寻对于自己投以善意而温柔眼光的人。并且无视于那些冷淡的眼光。另外，把自己的视线投向强烈"点头"以示首肯的人，对巩固信心进行演讲也具有明显的效果。有时候把自己的视线投向一些其他的地方，比如某位女士戴的漂亮帽子，适当分散一下注意力，也有助于缓解紧张。诀窍之二是演讲的时候注意自己的面部表情，一定不要垂头，适当地放慢语速也有助于稳定情绪，放松脸部表情。诀窍之三是手里可以拿一张小纸卡，写上演讲的提纲，这样心里会觉得有所依靠，也能够大大缓解紧张。

　　第六，发言时，集中精神，专心致志。发言时，不要胡思乱想，要专心致志地说出你想表达的内容，发挥出你最好的水平。

　　要想真正提高自己的演讲能力，只有这些理论是远远不够的，还要通过实践，才能切实地提高你的说话能力。爱迪生说："天才是1%的灵感加上99%的汗水。"人的成功，天赋只占很小很小的一部分，绝大多数是靠勤奋取得的。与其羡慕别人在台上口若悬河，文采飞扬，不如退到台后，默默地锻炼。"要学会游泳，一定要先下水。"当众说话，需要在实践中提高，抓住每一次锻炼口才的机会。

　　平时多与人交流，探讨自己对某些事物的看法，与大家分享意见。只要有发言的机会，就勇敢地抓住机会说出自己的观点，表达你的看法。积极参加一些社团活动，在活动中多说，多练习。

（2）抓住观众的眼，打动听众的心

　　演讲是一种比较正式的社会沟通活动，不能当作随心所欲的交谈那样没有准备，想到哪说到哪，所以每一位想要成功的演讲者都必须非常重视演讲的准备。一个经过了充分准备的演讲，能够表情达意，能够打动观众，使观众受到鼓舞甚至最后可以达到教育的作用。

演讲的开头也就是开场白,是听众对演讲者形成第一印象的关键,即使它不是演讲的主题,也具有重要的作用。瑞士作家温克勒说:"开场白有两项任务:一是建立说者与听者的同感;二是如字义所释,打开场面,引入正题。"要想把演讲的开头变为整个演讲的龙头,把所有观众的注意力都吸引过来,有几种常见的方式。

提问式:这种方法就是根据听众的特点和演讲的内容,提出一些能激发听众思考的问题,迅速引起听众的注意。

揭题式:这种是一开讲,就直接进入正题,直接揭示演讲的中心。这个方法的优点是干脆利落,能突出中心。"白杨树实在是不平凡的,我赞美白杨树。"这是茅盾在《白杨礼赞》中开篇第一句就明确了赞颂的对象——白杨树,定准了全文的情感基调——赞颂。

故事式:故事本来是具有形象、生动和趣味等特点,在演讲的开头如果运用了故事,也会将这些特点赋予演讲中去。恩格斯在1881年12月5日发表的《在燕妮·马克思墓前的讲话》的开头:"我们现在安葬的这位品德崇高的女性,在1814年生于萨尔茨维德尔。她的父亲冯·威斯特华伦男爵在特利尔城时和马克思一家很亲近;两家人的孩子在一块长大。当马克思进大学的时候,他和自己未来的妻子已经知道他们的生命将永远地连接在一起了。"

悬念式:悬念的提出可以调动观众好奇心,激发听众的兴趣,使听众带着问题急切地想听下面的内容。

名言警句式:用内涵深刻、发人深省的名言警句直接把听众引入沉思,具有精辟凝练的特点。

即景生题式:就是将眼前的人、事、景为话题引申开去,可以达到让听众不知不觉融入演讲之中的效果。

有龙头不可无凤尾,有很多人认为,演讲的成败很大程度上取决于演讲的结尾,在通过演讲者之前设计巧妙的开头和高潮迭起的主要部分后,加上一个出人意料、耐人寻味的完美结尾,就如同锦上添花般带给听众一种持续的精神满足。演讲的结尾可以有很多方式。

总结式：以总结归纳的方式结尾，用精练的语言对演讲主旨进行高度概括，可以达到突出中心、强化主题的作用。例如，对于我们大学生来说，尤为重要的是去发扬中华民族传统美德，毛主席说过："明天是你们的，也是我们的，但归根到底是你们的"，我们是祖国的希望，我们如果不去继承、不去发扬，那么我们的祖国将会成为什么样？我不敢去想，我相信我们大学生会更好地继承和发扬中华民族的传统美德。

号召式：这种结尾需要演讲者通过运用慷慨激昂、扣人心弦的语言，对观众进行情感的呼唤，使观众产生一种蓬勃向上的力量。例如，一位新上任的制片主任就职演讲的结尾是这样的"愿我们都像雄鹰一样翱翔天际，更愿我们能像雄鹰那样面对困难、百折不挠、勇往直前，把我们的全部力量，奉献给党的电视事业！"

幽默式：幽默式结尾主要是用风趣的语言或动作结尾，这样的结尾是充满听众的欢声笑语的，让听众带着微笑离场，留给他们的也是持续愉快的印象。

抒发式：演讲时演讲者对观众的一种思想和激情的燃烧，可以用以抒发情怀，意境深远，用具有感慨的语言进行结尾，这样的话语最能激起观众感情的共鸣。

名言式：这种结尾就是通过引用名言警句、谚语格言、诗句等作为结尾，这类精练、富有节奏和韵律的语言能够使演讲的内容丰富充实，具有启发性和感染力，给人别开生面之感。

美国作家约翰·沃尔夫说："演讲最好在听众兴趣到高潮时果断收束，未尽时戛然而止。"

这是演讲稿结尾最为有效的方法。在演讲处于高潮的时候，听众大脑皮层高度兴奋，注意力和情绪都由此而达到最佳状态，如果在这种状态中突然结束演讲，那么保留在听众大脑中的最后印象就特别深刻。演讲稿的结尾没有固定的格式，或对演讲全文要点进行简明扼要的小结，或以号召性、鼓动性的话语收束，或以诗文名言以及幽默俏皮的话语结尾。但一般原则是要给听众留下深刻的印象。

（3）不断给听众带来新颖和刺激

演讲是一门语言艺术，包括了"讲"，即运用有声语言并追求言辞的表现力和声音的感染力；同时还要"演"，即运用面部表情、手势动作、身体姿态乃至一切可以理解的态势语言，使讲话"艺术化"起来，从而产生一种特殊的艺术魅力。久职教育在演讲课程中将一个成功的演讲分为由7%的文字部分，55%的形象肢体部分以及38%的语音语调部分。

第一，不可或缺的7%

演讲稿的准备是主讲人准备演讲的第一步，虽然文字部分被认为只占总体的7%，但没有这7%，整个演讲就是不完整的。一篇优秀的演讲稿要包括以下几个方面：

结构要清楚，逻辑才清晰。一般公共演讲的听众少则数十人多则甚至成千上万人，现场可能会出现很多状况，比如观众的欢呼声或者抱怨，这就要求我们的演讲者在进入主题后及时给出所讲内容的大致框架结构。还需注意的是一篇演讲稿中最好只有一个中心，并且对于晦涩难懂的部分演讲者需要加以有效解释，可以从一个问题的正反面、横向纵向等多方面去论述。在逻辑方面，可以选择空间顺序、时间顺序等。根据不同的内容来安排自己演讲稿的逻辑和结构，才能使听众跟随演讲者的思路，更好地预判整个演讲内容，达到良好的演讲效果。

开篇能出彩，才吸引听众。演讲稿的开篇是需要投入大量功夫去设计的，需要结合听众的特点、演讲场合和演讲主题等因素，力争在第一时间就紧紧抓住听众的注意力。

观点必须明确，达成有效支撑。如何清晰地阐述演讲者的观点或演讲要点，如何用相关事实有效地支撑演讲者的各个论点，是演讲稿主体写作的关键。首先，内容应该充实和有说服力，只有丰富精彩的演讲内容才能吸引打动听众，空谈大道理是无说服力的，"事实胜于雄辩"才是真理。然后，层次必须清晰，主次得当，详略得当，相互照应，过渡自然，要给人以稳定感和匀称感。最后，还要精心设置高潮，思想深刻，态度鲜明，感情强烈，语言精练，这几个特点的组合才能给予听众极大的感染力。

结尾画龙点睛。演讲的成败在相当程度上取决于演讲的结尾，要想结尾做到画龙点睛而不是画蛇添足，可以用意味深长、启发深思的语言，强化听众的印象，发出号召，深化主题，或用幽默风趣的语言自然、真实地结尾。切忌矫揉造作，装腔作势。

案例——乔布斯的演讲稿

乔布斯在 2005 年斯坦福大学毕业典礼上的演讲中，开篇稍微寒暄之后就进入正题："今天我想告诉你们我人生中的三件事，对，不是什么特别了不起的，只是三件事。"听众马上就能对演讲内容做出预判——今天会听到乔布斯讲三件事，然后他们会关注具体是哪三件事，这就有效地吸引了观众的注意力，开篇简洁有力。

随后的演讲中，乔布斯分别提到了"第一个故事是有关联系""第二个故事是爱和失去""第三个故事是关于死亡"，这样清晰明了的演讲思路，能始终让听众记忆犹新，且保持新鲜感。

有很多的同学认为，演讲稿的准备就相当于写一篇作文，然后就会如同交论文般洋洋洒洒写很长很多，却忽略了有些文章作为书面呈现时很美很妙，但实际将这些词句通过嘴讲出来时却有巨大的违和感。我们就需要根据前文所说的演讲稿标准改变我们的写稿习惯，结合实际，会让我们的文章变得更加生动，有吸引力。

第二，重中之重的 55%

在久职教育的演讲课程中，我们会花很多时间训练同学们在演讲过程

中的仪态仪表，包括演讲中的目光、表情、手势、站姿、移动等，这些动作不仅有一定的表情达意的作用，更重要的是可以弥补口语表达的不足，使思想感情表达得直观、充分、形象、具体，然而这些都是在学校的课程中很少涉及的。

站姿和移动。最普遍的演讲站姿有两种。一种是前进式，右脚在前，左脚在后，前脚脚尖指向正前方或稍向外侧斜，两脚延长线的夹角在45°左右，脚跟距离在15厘米左右。这种姿势是演讲者用得最多、最灵活的，这种姿势重心没有固定，可以随着上身前倾与后移的变化而分别定在前脚跟与后脚上，又不会因时间长、身体无变化而不美观。另外，前进式能使手势动作灵活多变。由于上身可前可后，可左可右，还可转动，这样能保证手做出不同的姿势，表达出不同的感情。还有一种是稍息式，一脚自然站立，另一只脚向前迈出半步，两脚跟相距12厘米左右，两脚之间形成75°夹角。运用这种姿势，形象比较单一，重心总是落在后脚上，一般适应长时间站着演讲中的短期更换姿势，使身体在短时间里松弛，得到休息。这种姿势一般不长时间单独使用，因为它给人一种不严肃之感。

永远记住要面对听众，避免出现死亡角度。位置活泼地变动，勿站着不动。以脚尖朝向听众，两脚间距不要过大。在开放的空间适当移动，配合眼神进行，有效地贴近听众，勿背对听众。站立时不要左右摇摆。

目光和表情。在演讲过程中我们不能表情呆滞，应该根据内容的高低起伏呈现出自然的表情，微笑应该真诚，听众能在"察言观色"中感受演讲者的情绪并受到感染。如果有些同学不能很好地控制在演讲中的表情，我们建议在之前做一个脸部体操。同时，眼睛是心灵的窗户，演讲者也能在与观众的目光接触中传递信息，调整会场的气氛，进而达成良好的演讲效果。理想的目光交流应该做到始终与观众接触，接触时间最好在2到3秒，要顾及全场随机切换，别忘了在旁边的人和距离较远的人。

手势。我们可以以手的高度正确表达我们的意思。脖子以上的手势可以代表未来、展望和正面等意义，脖子到肚脐距离的手势代表当下、现在等意义，肚脐以下则表示负面、不好的意义。所有的手势都必须要有足够的动作幅度，且保持至少 2 秒，切忌出现重复的手势或不良手势。不要双手叉腰，那样看起来很有侵略性。不要双手交叉在胸前，那样有戒备嫌疑。

案例——从拘谨到放开

久职教育的张同学在一开始进入新课堂、认识新同学的时候非常拘谨和紧张，特别是演讲形态练习时，他僵直地站在老师和同学们面前，不敢移动也不敢说话，我们的老师在课后对张同学进行了一次深入的谈话，了解到张同学因为之前从未有过在人前演讲的经历，所以才会如此手足无措。

后来在老师的安慰下，他决定再试一次，随着下一次课程的开始，他注意到，台下的老师和同学的目光都十分友好且充满鼓励，他慢慢放松了下来，回忆着老师上一节课的指导，开始在台上进行第一次演讲。结束后，台下爆发出叫好声，原来他的肢体、手势动作等相较第一次的表现有了很大的进步，同学和老师都为他的勇敢喝彩。张同学下台后，暗暗决定以后要更加努力学习演讲的技巧，争取下次在台上的表现更放得开，更自然。

我们说的所有站姿、手势、眼神等技巧都需要同学们在实际演讲中有意识地逐渐改变，还可以搭配一些形体训练，更多的是提升自身的文化素养和气质，由内而外地调整自己的状态才能在舞台上表现得更加自然、从容。

第三，听音识人的 38%

我们之前已经跟大家分享了演讲中的文字和形象部分，现在开始聊聊占整个演讲过程中 38%的语音语调。演讲，顾名思义，演讲者要"讲"得好听，观众才能"听"得开心。有声语言是演讲者与听众交流信息的重要工具，虽然声音是与生俱来、不可能改变的，但我们还是可以从以下方面有效控制。

发音标准,吐字清晰。如果发音不标准,听众不能接收到准确的信息,还有的演讲者在演讲时念错了字,这些都十分影响演讲的效果,所以要求演讲者勤加练习普通话,避免方言等影响演讲。

语句流畅,准确。与书面语不同的是演讲用语不宜使用过于冗杂的句子,可以用句式短小、通俗易懂的常用词语和一些较流行的口头词语,使语言富有生气和活力,不要因为追求华丽的词藻而使听众感到演讲者是在故意卖弄做作,演讲华而不实。

语音、语调贴切。演讲语言常见的毛病有声音颤抖,飘忽不定;大声喊叫,音量过高;音节含糊,夹杂明显的气息声;声音忽高忽低,音响失度;朗诵腔调,生硬呆板等。所有这些,都会影响听众对演讲内容的理解。语调是口语表达的重要手段,它能很好地辅助语言表情达意。同样的一句话,由于语调轻重、高低长短、急缓等的不同变化,在不同的语境里可以表达出种种不同的思想感情。语调的选择和运用,必须切合思想内容,符合语言环境,考虑现场效果。语调贴切、自然正是演讲者思想感情在语言上的自然流露。所以,演讲者恰当地运用语调,事先必须准确地掌握演讲内容和感情。

5. 着眼于利益,而不是立场的谈判策略

有这样一个场景:甲、乙二名同学在图书阅览室吵了起来。甲想开窗,乙不想,于是为了开不开窗两人争论起来。

这时,大学图书管理员走过来,问甲同学为什么开窗。甲说:"让空气流通。"又问乙同学为什么不开窗。乙说:"避免噪音。"那位管理员想了想,而后,打开旁边房间内的窗户。这样既可以通风,又避免了噪音。

这就是谈判成功的奥秘，在对立立场的后面，双方之间存在着共同的利益，这就是达成协议的根本。

案例——无奈的选择

希尔顿是美国希尔顿饭店的创始人。在建造达拉斯希尔顿饭店时，由于当时资金筹措不足，开工不久后，陷入了停工的窘境。为了渡过这个难关，希尔顿决定找地产商杜德帮忙渡过公司的难关。听了希尔顿的困境，杜德事不关己地说："那我也没有办法了，只好停工了。"

希尔顿说："可是，如果这样停工的话，恐怕，你的损失比我的损失还大。"

杜德吓了一跳，说："你这话什么意思？"

希尔顿说："因为我的饭店停工，你附近的地皮就要受到影响，如果我再宣传一下，说我不继续盖是因为这是不符合我的理想，我想另外选址，这样的话，你的地皮就不值钱了。因为我的饭店盖在您的地皮上。而且，根本没有人会怀疑我没有钱，因为我已经拥有好几家高级饭店。"

杜德沉默了一会儿，说："你来找我，是为了什么？"

希尔顿说："我有一个两全其美的办法，就是你出钱把饭店盖好，我再来买。"

看杜德一脸的不解，希尔顿又解释到："这个意思就是，你把饭店盖好，卖给我，我可以分期付款给你。重点是，只要饭店不停工，你的那些地皮就有升值的空间，再搭配我的行销手段，你肯定不会吃亏的。"

虽然希尔顿有点耍无赖，但也是在困难时无奈的选择。杜德考虑到，为了以后的发展，只好答应了希尔顿的条件，替他盖楼。

着眼于双方所获得的利益，才能将对立的立场，变成合作的立场。如果你在对手面前一味展现你和他谈判的目的就是为了瓜分眼前的这块蛋

糕，那么对方就会和你一争高下。

但是，希尔顿没有拿出蛋糕与杜德来分，而是把他拉下水，让他无法置身事外，更技巧地避开了钱这个伤感情的议题，而是把眼光放得长远，关注到杜德的土地升值的"未来"上，更强调如果双方不好好合作，未来是相辅相成的，各取所需才能共赢。

（1）没有分歧就没有谈判，追求合作共赢

谈判是当事人之间为了实现一定的经济目的，明确相互之间的权利和义务关系而进行的谈判行为。认真研究谈判的特点和原则，是谈判取得成功的保障。

好口才能够帮助我们更好地沟通交流。谈判的过程就是沟通的过程。商务谈判是一种极为特殊的沟通形式，它所实现的意义往往大于人们日常沟通所带来的利益。所以，进行商务谈判，需要有综合严谨的思维和口语表达能力。

谈判就是对同一个问题，双方的观点分歧，通过沟通协调的方式，以达到和解和创造双方共赢的局面。期间，彼此需要做出适当的妥协和让步。尤其是对于商务谈判这种特殊的谈判而言，它不是智力竞赛，拼个你死我活，而是一种协商的合作。

商务谈判主要包括货物买卖、工程承包、技术转让、融资谈判等。它的主要特点包括：

第一，以获得经济利益为目的。商务谈判必须在满足经济利益的前提下，才能涉及其他非经济的利益。谈判者必须重视谈判所涉及的成本、效率、效益，因为它们综合体现着经济利益的好坏，是评价一项商务谈判成功的标准。

第二，以价值谈判为核心。价值体现的形式就是价格。它代表着双方的利益，双方就是围绕价格来争取自己的利益，但又不拘泥于价格，而是从其他利益因素去争取利益。这就是商务谈判中策略复杂的原因。

第三，遵守合同条款的严密性和准确性。在商务谈判中，谈判者不仅要重视口头上的承诺，更要重视合同条款的严密性和准确性。

(2) 换位思考，跳出自我，了解别人

对事物的反应体现了我们自己的利益和价值。以自我为中心看世界，常常会导致我们缺乏对别人的了解。要想进一步了解别人，从而很好地与对方合作，就需要跳出自我，从别人的视角来看世界。下面有几个技巧：

第一，倾听别人的诉说。眼前的局面是由过去的故事造成的，要想了解情况，就需要了解对方的故事，到底发生了什么？事情是怎么发展的？

第二，互换角色。设身处地地为对方着想，就要将自己置于对方的角色，这有助于尽可能清楚地了解对方。

第三，分析对方所面临的选择。在对对方进行了解时，通常不知道该从何处下手，也不知道什么是重要的。这时候，你就需要关注对方所面临的某一个具体的选择。你可以在纸上分析对方在面临一项决定时，所要考虑的问题和利益所在。

第八章

自我管理：
舍不得为难自己，生活就会为难你

生活如同修路，有人在开始的时候舍得花力气去铲除障碍修高速，所以未来的道路才平坦畅通。而有人却舍不得为难自己，喜欢绕开障碍物修山道，在以后的来来往往中，难免会被绊倒或掉入深坑。如果你爱自己，那你应该选择今天为难自己，让自己的明天畅通无阻。今天的一切，是过去习惯累积的结果。若想拥有爱、健康、快乐、富足的幸福人生，从现在开始，就改变思维和行为的习惯，我们的未来将不可思议。

明天过得好不好，取决于你今天怎么过。

1. 最伟大的力量是自控力，最可怕的魔鬼是破坏力

曼德拉曾被关押27年，受尽虐待。他就任总统时，邀请了三名曾虐待过他的看守到场。当曼德拉起身恭敬地向看守致敬时，在场所有人乃至整个世界都静了下来。他说："当我走出囚室，迈过通往自由的监狱大门时，我已经清楚，自己若不能把悲痛与怨恨留在身后，那么我仍在狱中。"

我们身不在监狱，心却被"过往"这个"监狱"所囚。让我们的心走出牢笼，不再做"曾经"的囚犯。

自律是人生最大的财富，曼德拉是个自控能力很强的人，他的成就也非普通人所能企及。

任何一个渴望大成、幸福、快乐的人，都要学会自控。人生的幸福，在很大程度上靠的是自身的努力。一个真正成熟的人，必定能够战胜自己的一切弱点，必定能够做到真正的自我控制。

（1）最伟大的力量是自控力

自控力是一个人控制自己思想感情和举止行为的能力。人比动物的高明之处在于，人可以按照一定的目的，理智地控制自己的感情和行动。美好的人生都是建立在自我控制的基础上的，自控力是一个人取得几乎各种成功的通用技能。

缺乏自控力的人，最终难成大事。因为没有自控力，好比轮船没有了动力，只有随波逐流，漂浮不定，无法到达彼岸。古人云："古之成大事

者,不唯有超世之术,亦必有坚韧不拔之志"。这里所说的"坚韧不拔之志",正是自控力。

案例——越王勾践

越王勾践与吴国交锋,在会稽之战吃了败仗,立志报仇雪耻。他唯恐眼前的安逸消磨了志气,在吃饭的地方挂上一个苦胆,每逢吃饭的时候,都先尝一尝苦味,还自问:"你忘了会稽的耻辱了吗?"他还把席子撤去,用柴草当作褥子。这就是后来人传诵的"卧薪尝胆"。

越王勾践的高度自控力,终于"苦心人,天不负,卧薪尝胆,三千越甲可吞吴"。苦励心志的人,天都不会辜负他,就像勾践卧薪尝胆,最终灭亡了吴国。

可见,越王勾践有了自控力,可以复国,自控力是很伟大的力量。说到做到,在实现目标的过程中可以对抗本能,抵御诱惑。就像一次巴菲特的合伙人查理·芒格接受采访,对方问他用两个字总结自己的成就,只能用两个字,他就回答了:"理智!"

要想在任何时候都保持理智,你需要的基本能力就是:自控力!

在人生的航道上,自控力是方向舵,它可以使你的人生之舟避开暗礁、旋涡。失去自控力将使你在欲望、情绪的泥沼中无法自拔。

自控力强的人,能用理智控制自己的情感,不意气用事,能分清轻重缓急,然后再去满足那些社会要求和个人身心发展所必需的欲望,对不正当的欲望则坚决予以摒弃。

华人首富李嘉诚说:"自制是修身立志成大事者必须具备的能力和条件,希望每个人都能做到自制。"

自控力强的人,能够在崇高理想的指引下,忍耐克己、自律自觉,为事业、为社会做出惊天动地的贡献。抗战英雄邱少云,在侦察敌情时,为了不暴露目标，忍受着烈火烧身的痛苦，直至英勇献身，这是高度自控力的光辉典范。

自控力差的人，缺乏理智，遇事容易不冷静，不能控制激情和冲动；处理问题不顾后果，任性妄为，冒冒失失。

拿破仑·希尔曾经对美国各监狱的16万名成年犯人作过一项调查，结果他发现了一个令人惊讶的事实：这些人之所以身陷牢狱，有99%的人是因为缺乏必要的自控力，以致走向犯罪的深渊。

《明史·杂俎》记载，明太祖朱元璋一日早朝时突问群臣："天下何人最快乐？"众人各抒己见，有人说功成名就者最快乐，有人说金榜题名者最快乐，有人说高官厚禄者最快乐，有人说富甲天下者最快乐……答案五花八门。朱元璋听着这些回答连连摇头。此时，一个名叫万钢的大臣意味深长地说："臣以为，畏法度者最快乐。"此言一出，众皆愕然。朱元璋连连点头，称其见解"甚独"。万钢的回答，虽然语言简洁，却称得上真知灼见。

畏法度者是一种自我约束力很强的人，是自控力。

克制自己是大成人士的基本要素之一！普通人不能克制自己，不能把自己的精力投到他们的工作中，以完成伟大的使命。这可以解释大成者与普通人之间的区别。

（2）最可怕的魔鬼是破坏力

"忍"字头上一把刀，可见忍受之难。古代战争中常常由于能够忍之须臾，战场形势就会产生变化，有了克敌制胜之机。

人往往被自己的情绪和情感所左右，即使你是帝王将相，也难以脱俗。

案例——夷陵之战

刘备的结拜兄弟关羽被吴国所杀，为报失去兄弟和荆州之仇，刘备被愤怒的情绪所控制，蜀汉全军出动，攻打吴国。

吴将陆逊为避其锋,坚守不战,双方成对峙之势。蜀军远征,补给困难,又不能速战速决,加上入夏以后天气炎热,以致锐气渐失,士气低落。刘备为舒缓军士酷热之苦,命蜀军在山林中安营扎寨,以避暑热。

陆逊看准时机,命士兵每人带一把茅草,到达蜀军营垒时边放火边猛攻。蜀军营寨的木栅和周围的林木为易燃之物,火势迅速在各营蔓延。蜀军大乱,被吴军连破四十余营。陆逊火烧连营的成功,决定了夷陵之战蜀败吴胜的结果。

因为不能忍一时之忍,而差点失去了天下,可见不自控具有多么可怕的破坏力。

当下,是和平时期,不用马上夺天下。然而商场如战场,如不自律,可能就会导致万劫不复。

改革开放40年来,太多的企业家在社会发展、个人命运及企业做强做大或做小做衰的过程中,都面临生死博弈。生死博弈,正是中国富豪们面临的一个常态。

所谓生死,因为它决定着企业,也往往决定着企业家本人的不同命运轨迹。所谓博弈,一方面是与自己的性格、意识、价值取向进行博弈,许多人是因为自己性格上的缺陷,意识上的不当,或许还有价值取向上的扭曲,将自己弄成了昙花一现,企业如泥牛入海。

企业即使还在,也江河日下;即使在关起门来的企业帝国里仍传檄而定,剑及履及,但在江湖上,早已丧失了昔日令众人翘首的风采……

之所以出现这样的现象,是因为自控力出了问题。对于成功人士而言,拥有巨额财富,最可怕的魔鬼就是破坏力。

从人性的角度上来看,企业家的第一个强大的敌人,不在市场,不在商场,而在自身,在于缺乏自控和失去自律。之所以说自身是强大的敌人,因为原始欲望是强大的,而且是可怕的:好名,急功,擅权,近利,短视,贪婪,嫉恨,拒过,饰非……

这些欲望，由其放纵必浩如黄汤，一旦膨胀起来可腥热似血，但它们驱动的不是丛林厮杀，就是宫廷心机，江湖变数。而这一切，与现代文明无关，与市场经济无关。倘若如易燃易爆的危险品，混过了"安检"，带上了"飞机"，那么，这架"飞机"的空中爆炸，或是地面坠落，便是早晚的事情。

2. 目标管理——没有目标，就是盲目的开始

你长大后想做什么？似乎每个人都被询问过这个问题，然后在自己所知范围内尽可能地找到让父母或者老师满意的答案。那么，从懵懂无知到长大成人，如今身为大学生的你，在最应该也最迫切需要明确目标、定位方向的时刻，有认真思考过这个问题吗？

当今社会，科技发展迅速，理想的分类也越来越多，很多人迷失在错综复杂的人生道路中，找不到自己的目标，迷茫而平庸地虚度了一生。正如罗斯金所说："人生没有方向，就犹如航海没有罗盘"，如果你现在仍处于迷茫的状态，那么请坚持"以终为始"的原则认真审视自己。

（1）看清你真正想要的

柏拉图说："没有经过思考的人生是不值得过的人生。"对于大学生而言，正处于从封闭的学习环境过渡到社会的关键阶段，见识也愈加开阔，思想也趋于成熟，正是审视自己、给自己定下目标的重要时期。

在久职教育训练中，我们也会着重强调个人目标，利用有效的测试和深入的沟通，以便于引导学生更清楚地挖掘自己内心真正的想法。只有学

生自己确定了目标，认清了方向，才能开始其他的一切工作，否则很容易事与愿违，白费功夫。

目标既是我们成功的终点，也是我们成功的起始，还是衡量是否成功的尺度。西方有句谚语："对于盲目的航船来说，所有的风向都是逆风"。此谚语道出了目标对于航程的重要性。

试问：如果你自己都不知道自己要去哪里，又怎么知道该上哪一班车呢？在人生低潮的时候，很多人都会失去自信，寄希望于求神问卜。因此，无论哪一座神庙前，你总能看见不少人在磕头许愿，听到他们喃喃祷告：菩萨保佑我有钱、有权、幸福……

说句玩笑话，多少钱才算有钱？什么样才算有权？什么状态才算幸福？你的目标不清晰，恐怕就是神仙也不知道该给你什么啊。

没有人生目标的人，就仿佛随波逐流的扁舟，不成功那是必然，成功则是偶然。除非奇迹出现，否则无法顺利到达彼岸。

很多人说："做好眼前工作，一步步来嘛。"态度看似很诚恳，但如果你没有一个远期的目标作为导向，注定会走很多弯路，浪费很多时间。此外，古人说得好："欲多则心散，心散则志衰，志衰则思不达"。人的精力毕竟有限，往往穷尽全力也难以掘得真金。世界上最大的浪费就是把宝贵的精力无谓地分散在许多事情上，如果你确定了自己努力的目标，就需要你持之以恒地去坚持。

只有这样，才能有的放矢，不做那些无谓的无用功。

在激烈的商业竞争中，有的人埋头苦干，艰苦奋斗，到头来却发现成功的梯子搭错了墙，后悔已来不及。努力的人不一定成功，但不努力的人一定不会成功。还有些人，虽然已功成名就，但短暂的喜悦刹那即逝，回首只看到牺牲的比得到的更宝贵，得到的却不是自己想要的，有些人甚至为了名利泯灭了良知，最终只剩下空虚、悲痛和忏悔。人生短暂，试想在你生命之火将熄之际，能否充满幸福与成就感地回忆完一生，然后带着满足离开。

(2) 两次创造

美国作家阿尔伯特·哈伯德在《致加西亚的一封信》中说道:"每个人都必须当机立断,去做自己喜欢的事情,当自己知道已经走错了方向,就要及时回头"。

大学是个自由的平台,不再有人时刻不停地管着你,约束着你,更多的时间是靠个人的自我管理。清楚自己最重视的期许,了解自己真正的需求,你才能正确且有效地去行动,用自己的努力去博取成功,实现自己的价值,享受胜利的果实。

两次创造如同领导者和管理者,前者决定做正确的事,后者决定正确地做事。

在久职教育有很多大一的新生,经常会遇到的一个问题就是,他们在选择大学、选择所修专业时,并没有经过自己的深思熟虑,甚至有些人连专业究竟是学什么、未来的发展前景如何都不知道,填写志愿时也仅仅是看分数够不够、能不能录取。于是进入大学之后,新环境带来的新鲜感一过,很快就感到迷茫、焦虑。

很多学生进入大学后,才发现自己喜欢的专业和兴趣爱好,于是对自己的专业产生了厌烦、抵触心理。然后就想转专业,得知名额有限就草草放弃,浑浑噩噩地度过了珍贵的大学时光。

他们没有想过毕业以后步入社会,靠什么来获取自己想要的生活,文凭?家庭?专业优势?要想立足于社会,必须要有充足的资本,这样你才能和别人不同,在自己想要的东西上比别人更具有优势,你自己的实力才是你真正可以依靠的东西。

我很庆幸前来咨询的这类学生,他们往往都是不甘心,有所抱负却又不知所措。对自己的学业和未来感到焦虑是正常的,这并不是无药可救的。大学是个开放的平台,学业只是其中的一部分,社会在进步,没有绝对靠谱的专业。更重要的是要正视自己内心真实的想法,认清自己看重与在乎

的到底是什么？坚定"以终为始"的原则，你才能做出正确的决策，找到最适合的方法。西谚说得好："上帝只拯救能够自救的人。"

案例——两次创造带来成功

施瓦辛格在十多岁时还是一个穷小子。他自小生长在贫民窟里，身体非常瘦弱，却立志长大后要做美国总统。如何实现如此远大的抱负呢？年纪轻轻的他，经过几天几夜的思索，拟定了这样一系列的连锁目标：

——做美国总统首先要做美国州长；

——要竞选州长必须得到雄厚的财力支持；

——要获得财力支持就一定得融入财团；

——要融入财团就需要娶一位豪门千金；

——要娶一位豪门千金必须成为名人；

——成为名人的快速方法就是做电影明星；

——做电影明星前得练好身体，练出阳刚之气。

按照这样的思路，他开始步步为营。一天。当他看到著名的体操运动主席库尔后，他相信练健美是强身健体的好办法，因而有了练健美的兴趣。他开始刻苦而持之以恒地练习，并渴望成为世界上最结实的男人。三年后，凭着发达的肌肉和健壮的体格，他成了健美先生。

在以后的几年中，他成了欧洲乃至世界的健美先生。22岁时，他进入了美国好莱坞。在好莱坞，他花了十年时间，利用自己在体育方面的成就，一心塑造坚强不屈、百折不挠的硬汉形象。终于，他在演艺界声名鹊起。当他的电影事业如日中天时，女友的家庭在他们相恋九年后，终于接纳了他。

这位"黑脸庄稼人"。他的女友就是赫赫有名的肯尼迪总统的侄女。婚姻生活过了十几个春秋，他与太太生育了四个孩子，建立了一个"五好"家庭。2003年，年逾57岁的他，告老退出了影坛，转而从政，并成功地竞选成为美国加州州长。

任何事物都是由两次创造而成的，一次是思维，一次是行为。你首先得主动设计想要完成的事，然后再付诸行动，才能减少歧路与意外，从而，事半功倍或直接准确地达到目标。以创业为例，你首先要明确自己的项目，然后再计算所需的资金、运营的方式等，最后才能按计划筹备物资、人员等去创建一个公司。倘若你没有第一次创造的深思熟虑，无目标方向地行动，只是浪费精力和金钱而已。

　　思想决定方向，行为创造价值。只有建立清晰明确的人生目标，才能产生高度的安全感、勇气和智慧，从而最终完成自己的使命。从现在开始彻底检讨一下，究竟什么才是你最珍贵的人生目标，然后勇敢地付诸行动吧。

3. 时间管理——专注聚焦，要事优先

　　人的一生要处理很多事情，有火烧眉毛的急事，有改变命运的大事，还有芝麻绿豆的小事等。有时候时间充足就可以让你有条不紊地逐一处理，而更多的时候，同一时间你需要面对好几件事，这些事状况不一，性质不同，这时候如何有效地解决它们，避免事后敲警钟就成了必须思考的难题。

（1）认清重要的事

　　格雷曾说过："成功人士习惯于去做失败者不爱做的事。他们当然也不喜欢干这些事，但他们让这种不喜欢服从于对自己目标的追求。"也许你对"要事第一"的理论也有所耳闻，简单通俗地来说，"要事第一"就是重要的事要先做。

　　其实道理都懂，可是如何真正实施你有认真地思考和行动过吗？任何

事都是由两次创造实现的，先要思想上主动设计，然后再付诸行动。那么关于"要事第一"，我们首先就要从一堆事中区分出什么是要事。

在久职教育，我们会做很多有关大学生的调查报告，其中不乏个人目标和规划管理方面的，结果发现多数大学生都没有清晰的目标，更别说为生活做一个时间上的管理了。做事也是毫无计划，直到敲警钟才去抢救。

因此无论是生活还是学习都经常出现问题，常常充当"救火员"的角色，自己经常会疲惫不堪，意志消沉。对此，我们给学生提出一个有效管理时间的建议，那就是"四象限法则"。

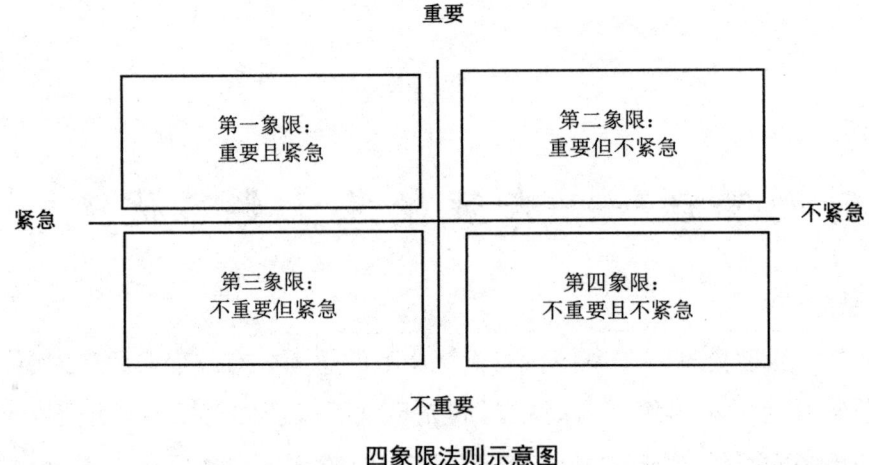

四象限法则示意图

第一象限：重要且紧急的事。例如，身患疾病、期末考试等。

第二象限：重要但不紧急的事。例如，制订的目标、锻炼身体、学习计划等。

第三象限：不重要但紧急的事。例如，普通的电话、买菜做饭、生活缴费等。

第四象限：不重要且不紧急的事。例如，打游戏看电影、娱乐消遣等。

通过这四个按重要与紧急划分的象限来看，事情的重要性就很容易看出来了，我们生活中大部分事情都能适用于这个象限。事情的重要与否取决于个人意识，与你的目标密切相关，两者形成正比，凡是对实现个人目标越有利的，便是越重要的。

案例——动物园

有一天，动物园管理员们发现袋鼠从笼子跑出来了，于是开会讨论，一致认为是笼子的高度过低引发的事故。所以他们决定将笼子的高度由原来的十公尺加高到二十公尺。结果第二天他们发现袋鼠还是跑到外面来了，所以他们又决定一不做二不休，将笼子的高度加到一百公尺。

一天长颈鹿和几只袋鼠在闲聊。长颈鹿问："你们看，这些人会不会再继续加高你的笼子？"袋鼠说："很难说，如果他们再继续忘记关门的话！"

在这个故事中管理员的目标很明确，那就是要确保袋鼠不能出来，但是在完成这一目标的过程中，并没有认清问题真正重要的部分。笼子增高确实能降低袋鼠逃跑的概率，真正重要的事却是门没关好。只有认清了重要的事，才能正确地处理。

（2）轻松地处理问题

四象限法则可以将事情分出轻重缓急，由此来确定处理的顺序。也可以说，事情的解决是一个循序渐进的过程，四个象限是会互相影响的，例如，你坚持"要事第一"的原则，凡事先做最重要的，间接地就可能减少紧急事情的发生。

个人扮演的角色转变也会影响你对事情重要或者紧急的判断，例如，你是大一新生，学期末重要紧急的事情可能就是马上要参加的考试，但若你是大四并且已经找到工作的学生，正好有个紧急重要的项目要处理，那么你可以申请缓考。所处的环境和个人的角色会影响你的目标，而时间的

管理能服务于你的目标决策。

如何处理"四象限法则"区分后的事情，用"艾森豪原则"来看待就简单多了：

第一象限（重要且紧急）：需要立即处理。

第二象限（重要但不紧急）：稍后再处理。

第三象限（不重要但紧急）：没事再处理或委托他人处理。

第四象限（不重要且不紧急）：丢进纸篓里。

时间是每个人最重要的资源之一，生活中很多人忙忙碌碌、辛勤劳作却并没做出什么成绩，他们的付出只能得到虚幻的自我满足感，没有任何实际的价值体现。而有些人对自己有一个正确的规划和管理，他们比常人更能轻松地解决一件事，然后仍有时间和精力可以安排做更多有意义的事，自然也能收获更多。

案例——小豪的改变

身边又开始有人发军训的照片了，小豪想到去年自己军训时的状态不由发笑，当时军训结束以后，陆陆续续地开始有学长学姐来"串门"，邀请小豪和室友加入学生会社团，学长学姐走了以后，小豪寝室六人讨论了一整天也没个结果，小豪发现自己对每个社团学生会都不够了解，可是又都想去尝试一下。

转眼间就到了百团大战学生会纳新的时间，小豪还没想好要报哪些部门，于是按照自己的喜好选择了二个社团，一个院级学生会，一个校级学生会，报名初期小豪还觉得挺好的，时间安排得很充实，后来就经常遇到社团学生会开会时间起冲突，每天忙于参加各种活动，维护活动现场次序，三天两头的开会，一次会议两小时，实际会议内容几句话就能概括……时间一长，小豪发现自己每天都很忙，可是忙来忙去都是在为别人忙，自己来到大学后内心的收获和成长反而没有以前多了，常常想静下心来看看书很快就会被突发事件所打断，很快学习也跟不上了，自己的节奏被学校活动所打乱，每天被时间推着走，渐渐找不到自己存在的意义。

直到寝室同学小札带着小豪来到久职教育，久职教育的老师和小豪做了简单的交流咨询，带着小豪一起分析他自己目前的状态，教他合理安排时间，社团和学生会之间如何做选择，懂得根据事情的轻重缓急去安排自己的时间，提高自己的效率等，后期加入久职课程，跟着重庆各大高校的学生一起成长，大二期间成了校学生会会长，在新一届大一军训期间还作为优秀学生代表上台发表演讲，把自己的经历分享给学弟学妹。

普通公司总会制订很多时间上的规定，以便于限制员工的自由时间来提高他们的工作效率，然而对于员工来说，花在完成公司规定的时间远比工作的时间更重要，实际上这样反而降低了他们的工作效率，若是不合理的时间规定还会影响员工的积极性和忠诚度。聪明的公司在员工工作时间上的管理显得非常轻松，他们更注重研究如何提高员工自己对工作时间的管理。

在追求人生目标的过程中，我们会遇到各种事情，只要我们坚持"要事第一"的原则，不忘初衷，不断地总结完善自己，一定会有所收获。朋友，做自己的管理者，强势而坚定地走下去吧。

4. 多赢之举，创多赢之局

时代在进步，竞争关系也越来越激烈。有人提倡"竞争才能进步"，没错，"物竞天择，适者生存"一直是自然界的铁律，但最好的竞争关系早已不单是"胜者为王，败者为寇"。聪明人更多追求的是合作与多赢的

结果，保持一种竞争与合作统一的关系，利益兼顾，共同促进发展，实现1+1>2的效应。

（1）何为双赢、多赢

我有提到过做事要"以终为始"，清楚自己的目标是什么，再根据目标抓要点，坚持"要事第一"的原则，才能更高效地达成目标。有人说："没有绝对的朋友，只有绝对的利益。"我对这句话不置可否，这句话强调了利益的重要性，大多数人的目标都与利益密切相关，然而如果要长久、可持续地获取利益，就离不开双赢。

有一次我们在久职教育的课上做了个很有意思的小游戏，规则是让两个学生扳手腕，扳倒对手一次就获得一枚硬币，时间定为三分钟。很快就有两个大学生自告奋勇地参加了，游戏开始了，只见两个人用尽全力想扳倒对方，脸都憋红了却依旧势均力敌、不分胜负，很快三分钟过去了，一次胜利的都没有，自然也都没得到硬币的奖励。

这时候老师总结道："这个游戏的规则是三分钟谁扳倒对手就能得一枚硬币，你的目标在于获得更多的硬币，你却只想着打败对手。如果你们约定一方妥协，另一方负责扳倒，三分钟内甚至可以获得几百枚，事后平分不就都赢了。"这就是双赢的思维，只有双赢，才能带给双方最大的收获。

案例——真正的受益者

小萍是贫困山区出来的大学生，为了赚学费，每到周末都去给一个退休患了眼盲症的老教授做速记员。老教授丈夫已经去世了，儿女都在国外，她眼睛不方便，家里只有个保姆照顾。

小萍一边做速记员，一边事无巨细地照顾她，陪她聊天散步。前不久小萍的父亲突然患病，一台手术下来需要的费用高达十万元。小姑娘的家境根本拿不出这笔钱，一家人正走投无路，老教授得知这个情况后，拿出一张存单，帮小姑娘的父亲付清了所有的治疗费用。

很多人会想，这个小姑娘是多么幸运，能遇到如此善良大方的雇主。确实如此，人生何幸逢贵人。但除了幸运以外，也不能忽视其他的东西。相对于金钱来讲，老教授更缺乏的是身边有个真心关爱她的人，小萍的表现刚好满足了她的需要。而小萍需要的是救命的钱，聪明善良的老教授拿出自己经济实力中无关紧要的一部分，弥补了小萍的需要，从而得到小萍没齿难忘的真诚，彼此建立了更牢靠深刻的联系。双方受益，这就是双赢。

双赢的思维无处不在，大学生步入大学，不断学习和完善自己，不仅是对自己的人生负责，也让亲人的期许得到满足，这就是双赢；当你作为企业的员工，努力发挥自己的才能完成工作，为公司的发展尽力，也因此得到企业的嘉奖和丰厚的薪酬，这也是双赢。双赢延伸到多赢，就是你在为自己争取利益的同时，也给多方带来了利益。

（2）双赢的条件

双赢的必要条件之一便是诚信。邓小平同志曾说过："一切企业事业单位，一切经济活动和行政司法工作，都必须实行信誉高于一切的原则。"诚信是做人立业之本，是实现双赢不可或缺的重要条件。试想一下，人与人之间不再有信任，生活充斥着谎言、奸商、违约、尔虞我诈，人人都只想着自己，互相猜忌，人心惶惶，活下去都累，又何谈双赢呢。

双赢的另一个条件是成熟。内心成熟的人，有健康的价值观与厚实的安全感，做事能顾全大局。曾有古人说过："不谋全局者不足以谋一域，不谋万世者不足以谋一时。"成熟的人有大局观，对事物的分析和决策能放眼大局，他们的眼光高瞻远瞩，对待问题更能宏观的、长远的考虑。

5. 协同合作——价值最大化

"单丝不成线，独木不成林"。一个人再才华横溢，能力过人，也无法单枪匹马地成就一番事业。很多大学生都能明显感受到，进入大学后很多学习活动都是要求以团队的模式来完成的。这不仅提高了工作效率，也锻炼了同学之间的团队合作能力，通过团队合作也更能认识自己的能力。

团队合作就是一群有能力、有信念的人在特定的团队中，为了一个共同的目标，相互支持合作奋斗的过程。单打独斗的时代已经过去，未来个人和企业致胜的关键是"依靠团队的力量作战"。正如微软总裁比尔·盖茨所说："团队合作是一家企业成功的保证，也是个人成功的前提"。

（1）学校里的统合综效

作为一名大学生，统合综效是必须要有的能力。与人合作要在贡献自己力量的同时，接纳和重视别人的意见，尊重彼此之间的差异性。大学是个集体，每个人都有自己的优劣势，只有擅于利用团队力量的人，才能更好地发扬自己的优势，改进自己的不足，成为更好的自己。

正如史蒂芬·柯维所说："真正高效能的人，能够认识到自身观点的局限，并且能以谦虚的心态，尊重的态度，通过与他人的心灵互动，来获得更为丰富的资源。"

大学不再像初、高中一样，有固定的班级和同桌，学习生活更多的是更换不同的教室，接触不同的人，这也体现出人际交往的重要性。很多新生对这种学习模式不太适应，在学习过程中很独立自主，虽然这部分人学习并不糟糕，可能还更认真。但是大学不仅仅是只有课本、学业就行了，与此同等重要的非常多，例如，你的人脉、信息、口才、礼仪、心理健康等。这些都是影响你人生道路的重要因素。

任何事的最佳结果是走向双赢,而合作是走向双赢的重要途径。要做到统合综效必须树立正确的目标,重视自己的团队,积极地沟通交流,发掘、融合团队每个人的长处,形成强大的合力,从而实现双赢的局面。

案例——合作带来更多乐趣

我曾经上大学时,有一门基础心理学的课。这是门选修课,不参与期末大考队列,也因此很多同学包括我在内都不重视这门课,去上课也几乎是在玩自己的。前半学期异常无趣,我们本专业的课与心理学几乎毫无关系,老师却非常认真负责,不但每堂课必点名,还做了很多课件尽量让枯燥的内容变得生动。然而效果并不好,学生依旧数着时间玩自己的,请人代课和逃课的也不少。

突然有一次上课,老师要求所有的同学都要分成4人组,然后每次的课都分为两场,分别由两个小组来讲课。课件的内容必须与心理学相关,每组的内容不能重复,并且4个人都要参与其中,期末的课程考核便根据讲课的质量来定。同学们了解完规则后都颇有兴趣,很快就分了组,然后分工合作拟定主题和制作课件。

之后的课都以团队的形式进行下去,各种精彩的话题与案例,生动有趣的讲课方式,还有些小组准备了别出心裁的互动游戏。各种创新的课程内容和上课方式,让本来枯燥的课变得丰富多彩,点燃了同学们的积极性,不仅学习到了知识,还锻炼了团队合作能力。这门课最后成了最受同学们欢迎的课。

海伦·凯勒说过:"只身一人,我们能做的少之又少;并肩协作,我们能做的很多很多。"统合综效最具说服力的体现就是团队的力量,据统计,诺贝尔获奖项目中,有2/3是因为协作获奖。在诺贝尔奖设立的前25

年,合作奖占了41%,而现在则跃居到80%。

（2）欣赏别人的不同

所谓统合综效,就是要尊重他人的差异,利用团队合作,扬长补短以达到1+1>2的效应。每个大学生都有不同的家庭背景、成长经历。性格、心理、思维都有各自的差异,尤其是这种差异太大时,很容易产生摩擦。在大学中,经常会遇到学生之间讨论问题,观点不一致时产生冲突的现象。通常这种情况学生们会争辩得面红耳赤,两句不对就恼羞成怒,他们都据理力争自己是对的,对方是错的,绞尽脑汁去说服对方认同自己的观点,承认错误。因此,当双方都是这种心理时,注定达不到愉快收尾的结果。

实际上,不同的观点反而是完善自己观点的一次机会,很少有人意识到的是,"如果一位具有相当聪明才智的人跟我意见不同,那么对方的主张必定有我尚未体会的奥妙,值得进一步了解。"

"三人行,必有我师焉。"只有保持一颗谦虚上进的心,才能发现别人的长处,正视自己的短处,从而不断地完善自己。在这里我们说一下"知彼解己"的原则,其强调理解别人的重要性,在理解别人的基础上才能更好地表达自己的观点。统合综效要求我们协同合作,同样是建立在"知彼解己"的前提上,才能发挥自己和队友的最大力量,达到协作增效。每个大学生都应该用谦虚的态度去不断学习,强化个人能力。

案例——饿了么招聘:寻找志同道合的人

饿了么用户量达2.6亿,始终稳居外卖市场首位,业绩持续高速增长的同时,从300到15 000多名员工,平均每小时增加1名员工,从12到2 000个城市,饿了么这三年多来近200倍的成长,可用"舍命狂奔"来形容。作为中国最有价值的独角兽公司之一,人力资源管理方面有怎样的过人之处呢?

招聘，是整个人力资源体系的开端。这两年饿了么各项业务高速发展，带来的是人员需求的不断攀升。招聘部门从业务的实际需求出发，搭建了各岗位序列的能力模型和价值观要求，形成结构化、半结构化选拔流程和操作标准，并根据组织的实际需求持续更新。

招聘时对人的观察是全方位的，应聘者的经验、能力、个性、个人发展意愿以及与企业文化的匹配度都会影响面试的最终结果。其中，面试官最看重应聘者的拼搏精神，对于自我驱动意愿强烈的人，他们通常更愿意给予机会。在饿了么，"和你一起拼"这句话，不仅是品牌主张，更是人人恪守的格言。

"在一开始就保证招到的人与团队气场相符，这对保持团队的凝聚力和战斗力非常重要，尤其是在高速发展的创业公司中。因此，我们一直在寻找志同道合的人。"一位饿了么的高层如此说到。

如今的企业发展，员工的团队合作能力是非常重要的考核因素之一。作为大学生，如果只是空有实力，不能融入团队合作的群体里，很快就会被团队的力量所埋没，渐渐地被企业忽视或者淘汰。所以在大学这个珍贵的学习平台里，你更应该积极地参与集体合作，并珍惜每一次机会，尊重每个人的付出。

（3）化阻力为动力

有句话说："不怕神一般的对手，就怕猪一样的队友。"这句话最开始出现在团队竞技的游戏里，明明快到手的胜利总是因为某个队友的错误而错失良机，无不愤慨。

团队的力量是大于个体力量的总和，但真正要做到并不容易。阻碍统合综效的因素有很多，例如，无知、小集团和偏见。这些因素会影响一个团队的氛围，大学生都不难理解，任何一个团队都讲究氛围，一个积极、上进的氛围能促进解决问题的效率。

同样,消极、负面的氛围也会影响团队处理事情的效率,甚至影响会深入每一个人的心中。实现统合综效离不开五个步骤:

第一,明确问题和机遇的所在。想要做好一件事,目标导向是非常重要的,只有清晰了目标,你才能看清自己需要的是什么,抵制那些五花八门的诱惑,坚定不移地前进。

第二,了解他人的想法。尊重人与人之间的差异性,虚心接受他人不同的观点主张,坚持移情聆听的原则。思想的多样性=创造的火花=机遇。

第三,阐述你的想法。将自己变成一个有趣的礼物,让打开你的人收获惊喜,有技巧地表达自己的观点,让别人更容易接受和理解你。

第四,集体自由讨论。古有百家争鸣,今有言论自由,个人思想的集合就是新方案、新想法诞生的摇篮。

第五,高明的方法。团队的强大在于,凝聚所有人的能力后,创造出最佳解决问题的方案。

当你真正理解了统合综效,并尝试用此原则解决事情,你会收获的比你想象的更多。尤其是大学生正生活在这个丰富精彩的集体中,培养此能力势在必行。有结论表明统合综效能让人感受内心发生了转变,拥有新的动力和激情,能用新眼光看待问题,人际关系发生好的变化,更具有创新性。

后序

从优秀到卓越

有多少人对大学生活有过美好的憧憬。你希望能变得更漂亮，却依旧毫不起眼；你想成绩更加优秀，却被时间消磨了热情，上课渐渐变得懒散无趣；你想锻炼成为内心强大的人，却总是逃避着那些令人焦虑的难题；你想的太多，却做的太少。

世界在不断改变，你却放纵自己，随波逐流，将焦虑烦愁压抑在内心深处，不断地告诉自己现在的安逸享乐是最正常的生活。压抑的负面情绪总有爆发的一天，再坚实的避风港也有崩塌的风险。与其随时间流逝而终日惶恐，不如不断更新改变自己。这个世界最可靠的只有你自己。

俗话说："工欲善其事，必先利其器。"健康的身体是所有活动的本钱。在久职工作时，我们做了一些关于大学生对健康的认知调查。结果发现，虽然学生们都非常认可健康的重要性，也知道很多保持健康的习惯和方法，但真正关注自己身体情况，为了健康而刻意改变自己行为习惯的人非常少。

对于现在的大学生来说，正是精力充沛的年纪，又有充足的自由。于

是秉承着年轻要尽兴的宗旨，熬夜、胡吃海喝、长时间使用手机、睡眠时间杂乱等，这些行为都隐性地影响着身体健康，就算身体已经出现了问题却依旧不会引起重视。时常听到学生抱怨着好困、好累、越来越懒、越来越笨之类的话。身体是人最重要的财富，若是连基本的自我管理都做不到，放纵自己消耗着这笔珍贵而有限的财富，只会让自己陷入痛苦的深渊。

维持身体的健康是每个人最重要也是最基本的责任。积极地锻炼身体，吃营养健康的食物，有规律的作息，弹性地处理身心压力，这些都是健康必备的条件。对于大学生来说，还没有承担太多的家庭、社会压力，正是养成好习惯、保持身体健康的最佳时期。不要想着还年轻，最后只有"少壮不努力，老大徒伤悲"。

托马斯·卡莱尔在《过去与现在》中说过："使一个人悲惨的不是死，是活得可怜，而不知为什么；是工作得筋骨酸痛而无所得；是辛酸，疲惫，却又孤立无援，被冷冰冰的普遍的自由放任主义紧紧裹在中间；是整个一生都在慢慢死去，被禁闭在一种不闻不动、无边的不正义之中"。

若将人的身体看作是行动的工具，那么精神便是使用工具的意义，任何事物的形成都必须经过两次创造，首先便是精神赋予的目标设计和价值。你的精神代表着你的目标、信仰、内心，决定着你存在的价值与使命。

大学生作为一个接受着高等教育却还未接触社会的群体，有着担任创造社会新技术、新思想、先进文化的重要使命。"大学精神"是大学存在与发展中形成的具有独特气质的精神形式的文明成果。正是因为"大学精神"的存在，大学才具有建设高等教育促进社会进步的使命与意义，那么作为大学生的你，则肩负着实现大学精神的使命与责任。

爱因斯坦更直接地认为："学校的目标应该是培养有独立行动和独立思考的个人，不过他们要把社会服务看作自己人生的最高目的"。

时代在进步，物质的需求越来越小，人们越来越重视精神上的满足。而身为大学生的你，正处于精神需要不断提升的阶段。提升个人精神的方式有很多，例如，看自己喜欢的书籍，伟人的文学作品，接近自然敬畏生命等。你的精神决定你的人生意义与方向，不断地提升自己的精神层次，会让你更清晰自己的使命与目标，指引你前进的道路，让你不断地修正自己的选择，不断地更新完善自己。

人的成长是一个心智不断成熟的过程，你的阅读、想象、计划、学习新事物等的能力都是在接受教育的过程中不断进步的。从懵懂无知的孩童到步入大学接受高等教育的成年人，在这个过程中你的知识、想法、经历越来越多，对个人能力的要求也越来越高，能力分类也越来越广。你要做出什么样的选择，完成什么样的事，如何去做都根据你个人能力与思想来决定。只有不断提升自己的智慧，培养锻炼个人能力，才能让你心想事成。

身为大学生，教育不再局限于老师传授和课本固定的知识，更多需要的是不断地自我教育。学校是个资源丰富的平台，你可以多读书，读好书；可以练习写作，思考和总结自己的心得、思想；参与实践活动，有意识地锻炼某方面的能力，增加实战经验；积极解决遇到的困难，锻炼自己的心理素质，磨砺意志。每个人提高自身教育的方式各有不同，要选择适合自己的方式不断更新自己。

人际交往对大学生的心理健康影响尤为重要，两个同学的待人处事方式不同，得到他人的待遇也完全不同。大学四年你很难控制不与他人发生矛盾，如何有效处理，无论是对你还是对同学来说都至关重要。正确对待自己与他人间的关系，尤其是存在竞争的情况下，坚持双赢的思维，"知彼解己"高效地处理好自己的人际交往。